Aline Wüst
Piff, Paff, Puff

Aline Wüst

Piff, Paff, Puff

Prostitution in der Schweiz

Für Anna und Sara und all die anderen starken, liebevollen und klugen Frauen

Echtzeit Verlag

Inhalt

**Alle Namen der Frauen und Freier sind geändert.*

Die offene Tür

Die Chefin heisst Anna. Wir sitzen in der Küche ihres Bordells. Anna isst ein Mikrowellenmenü. Bis tief in die Nacht hinein reden wir. Als wir uns verabschieden, sagt sie: «Wenn du wirklich verstehen willst, musst du Zeit hier verbringen. Das Vertrauen der Frauen gewinnen.» Ich will. Anna gibt mir freien Zugang zu ihrem Bordell.

Weshalb sie das tat? Damals dachte ich, weil sie weder Menschenhändlerin noch Zuhälterin ist und die Frauen, die bei ihr arbeiten, selbstbestimmte Prostituierte sind.

Kürzlich erst habe ich Anna gefragt, weshalb sie mir die Tür öffnete. Die 63-Jährige meinte: «Weil es vielleicht der Grund ist, weshalb ich hier gelandet bin. Um Menschen zu zeigen, was das für eine Tätigkeit ist.»

Fast 2 Jahre ist es nun her, seit ich zum ersten Mal in diesem Bordell war. Nach den ersten drei Besuchen begriff ich, dass ich mich nicht einfach so zu den Frauen setzen und ihnen meine Fragen stellen kann. Also gekonnt hätte ich schon, aber es wäre nichts dabei herausgekommen. Die Frauen haben kein Interesse, zu erzählen. Erzählen ist anstrengend. Wer erzählt, öffnet Türen. Türen wollen manchmal geschlossen bleiben. Ausserdem war ich eine Fremde.

Also sass ich einfach da. Abend für Abend. Manche Frauen freuten sich, wenn ich kam. Andere nicht. Irgendwann war ich nicht mehr ganz so fremd. Es gab trotzdem Abende, an denen ich nichts erfuhr. An denen jeder Versuch, ein Gespräch zu beginnen, lächelnd abgewinkt wurde. Doch es gab auch immer mehr Tage, an denen sich Frauen zu mir aufs Sofa setzten. Ich fast nicht mehr nachkam mit schreiben.

An einem Abend sitze ich in der Lounge. Die Lounge ist der Raum, wo die Frauen auf Kunden warten. Da sagt die Rumänin Roxy zu mir: «Mach es selber!» In Unterwäsche sitzt die 30-jährige Rumänin auf einem dieser Sessel, den die Frauen nicht mögen, weil der nackte Po auf dem Leder klebt. Ich trage Jeans und frage Roxy, wie sie das meint. «Du bist immer hier, willst alles wissen. Arbeite selber. Dann verstehst du, was es bedeutet.» Bevor ich antworten kann, fährt die Ungarin Elena sie an. Whatsapp-Nachrichten tippend ist sie zuvor still neben mir gesessen. «Roxy, bist du verrückt! Schau sie dir an. Sie hat ein gutes Leben. Und du sagst ihr, sie soll hier arbeiten?» Roxy sagt zu Elena: «Sie muss es nicht für immer machen. Ein paar Tage. Dann weiss sie, wie es sich anfühlt.» Genervt antwortet ihr Elena: «Sie hat ein normales Leben. Das hier ist nicht normal. Warum sollte sie so etwas tun?»

Schweigen.

Als ich in der S-Bahn zurück nach Zürich fahre, denke ich: Roxy hat recht. Vielleicht ist das der Schlüssel, um zu verstehen. Oder zumindest, um auf Augenhöhe mit den Frauen zu reden: es selber tun, mich prostituieren.

Im gleichen Moment erinnere ich mich daran, was Anna kürzlich sagte: «Sobald du zum ersten Mal mit einem Kunden ins Zimmer gehst und die Türe hinter dir schliesst, bist du eine andere, wenn du nach einer halben Stunde diese Tür wieder öffnest.» Anna weiss, wovon sie redet.

Es gab vor diesem Gespräch in der Lounge einen Abend, an dem Roxy mich mit in ihr Zimmer nahm und die Türe hinter sich schloss. Sie liess mich Platz nehmen auf ihrem Bett. Ein Plüschtier lag darauf. «Was willst du wissen?» Ich fragte, sie erzählte. Nach einer halben Stunde öffnete sie die Türe wieder. Nie mehr seither hat Roxy mit mir über sich gesprochen. Wir tauschten Belanglosigkeiten aus, manchmal ein Begrüssungsküsschen, oft keinen Blick. Nun sagt sie: «Mach es selber!»

Diese Unterscheidung zwischen normalem und nicht normalem Leben. Wie oft ich das gehört habe.

Was ist normal?

Roxy hat mir von sich erzählt. Andere haben das auch getan. Manche so wie Roxy ein paar Minuten bloss, andere in langen Gesprächen, verteilt über mehrere Abende oder Monate. Über hundert Frauen, die Sex gegen Geld tauschen, habe ich getroffen. Jede Begegnung ein Fragment, alle zusammen der Versuch, ein Bild der Prostitution in der Schweiz zu zeichnen.

In den vergangenen zwei Jahren habe ich mit diesen Frauen Geburtstag gefeiert, aufs neue Jahr angestossen, ich fror am Strassenstrich in Olten, sass in Hotelbars, reiste mit einer Bulgarin in ihre Heimat, klickte mich durch tausende Sexannoncen, sprach mit Psychiatern, Polizisten und Freiern, schrieb Bewerbungen für eine 63-jährige Deutsche, whatsappte mit den Frauen, fläschelte in Bukarest ein Baby, dessen Vater ein Menschenhändler ist, trieb Geld ein von einem Freier, verbrachte viele Abende im Puff, spazierte nachts mit einer Ungarin durch die Agglo und sass nachmittags mit einer ehemaligen Schweizer Prostituierten im Café. Ich stellte Fragen. Hörte aber vor allem zu.

Unbeteiligt Notizen machen ging nicht. Diese Frauen forderten Authentizität. Deshalb wissen einige auch viel über mich. Wissen, was meine Träume sind, wen ich liebe und wann ich an meine Grenzen stosse.

Das normale Leben

Elena trägt einen Umschnall-Dildo. Er ist schwarz, sie tätowiert. Breitbeinig steht die Ungarin vor einem Spiegel in Annas Bordell. Der Dildo baumelt zwischen den Beinen der

29-Jährigen. «Ich mag das!», sagt sie. Reckt das Kinn, während sie sich von allen Seiten im Spiegel betrachtet. «Besser zu ficken, als gefickt zu werden, nicht?»

Der Kunde wartet bereits im Zimmer.

An ruhigen Abenden erzählt mir Elena ihre Geschichte: «Mit 18 Jahren ging ich von Ungarn nach Graz. Ich arbeitete in einem Laufhaus als Domina. Ich habe verschiedene Dinge gemacht. Auch Männern auf den Po gehauen, die Windeln trugen. Ich musste so lange schlagen, bis sie Kacka machten. Einer setzte sich danach immer mit vollen Pampers in seinen Lamborghini. Stell dir das vor: Mit Windeln im Lamborghini!

Es gab einen Mann, der oft kam. Wir hatten eine gute Zeit zusammen. Also für ihn war es gut, für mich war es normal. Bis er bei einer Session plötzlich meinen Kopf gegen die Wand schlug, mich würgte und sagte: Ich will sehen, wie du stirbst! Ich konnte einen meiner weissen Nieten-High-Heels abstreifen, griff ihn und schlug ihm den Schuh ins Gesicht, bis er blutend von mir abliess. Er musste ins Krankenhaus, ich zur Polizei. Ob er bestraft wurde, weiss ich nicht. Ich wollte nichts mehr mit dieser Sache zu tun haben. Ich wollte das vergessen.»

Der Hund hat einen Fleck auf dem Fell. Lippenstiftfarbe. Bordellbesitzerin Anna fragt, von wem der Fleck ist. Alle beteuern, dass ihr Lippenstift kussecht ist. Die Frauen lieben Annas Hund, ganz besonders Elena. Eines Abends steht die Ungarin aufgebracht in der Lounge. Vor ein paar Minuten ist sie aus dem Minibus gestiegen, der Frauen für 50 Franken zwischen Budapest und Zürich hin und her fährt. Ein Hundebaby sei im Bus gewesen, erzählt sie. Sie habe das nicht ertragen, ihn die ganze Fahrt über gehalten und gestreichelt. Sie verstehe nicht, wie jemand einen Hund allein in die Schweiz reisen lasse – «wozu?». Ausserdem hätte der Welpe eine frisch genähte Wunde am Bauch gehabt. Daraufhin dreht sich Roxy im Sessel um: «Operationswunde?» «Ja», sagt Elena. Die Rumänin: «Sie haben ihn aufgeschnitten und Drogen in ihn reingemacht.» Elena: «Wer tut einem so kleinen süssen Hund so was an?»

«Mein Vater war Alkoholiker», erzählt Elena weiter. «Jeden Tag hat er mich geschlagen. Manchmal schlug er mit dem Gurt so brutal zu, dass ich keine Kleider mehr anziehen konnte, weil es so wehtat. Als ich 18 Jahre alt war, bin ich von zu Hause weg. Mittlerweile ist mein Vater tot. Als er starb, habe ich zwei Stunden geweint, Maximum. Dann habe ich mit meinem Leben weitergemacht. Hätte ich eine normale Familie gehabt, wäre ich bestimmt glücklich und hätte nicht dieses Scheissleben.»

Elena und zwei andere Frauen haben Pizza bestellt, die Lieferung verzögert sich. Elena ist wütend. Sie könne so nicht arbeiten. Sie werde aggressiv, wenn sie hungrig ist. Sie raucht eine Marlboro intense. Die Klingel! Das Essen ist da. Elena isst schnell. Danach steht sie in der Lounge und streichelt sich über den Bauch. «Ich bin so voll! Wie soll ich nun mit einem Mann ins Zimmer, ohne dass mir alles hochkommt?»

Noah ist 24 Jahre alt, Schweizer. Seine Freunde sagen über ihn, er könne jede Frau haben.

Noah sagt: «Manchmal bin ich zu Hause und habe Lust auf Sex. Dann befriedige ich mich selber. Wenn ich fertig bin, denke ich: 150 Franken gespart! Obwohl, geiler ist es schon mit einer Frau. Mit einer Prostituierten ist es anders als mit einer normalen Frau, es ist oberflächlich. Aber es befriedigt das Bedürfnis.»

Elena: «Ich hatte einen Freund. Wir waren drei Jahre zusammen. Er war immer eifersüchtig. Ich habe lange nicht erkannt, was für ein Mensch er ist. Er hat mich nicht körperlich misshandelt. Das hat mein Vater getan und ich werde es nie wieder zulassen. Aber er hat mich mental missbraucht. Ich veränderte mich, verlor die Freude am Leben. Er betrog mich. Eines Abends verliess ich ihn. Es war ziemlich Terror. Als ich von ihm wegging, begann ich mein Leben wieder zu lieben. Ich benutzte die Männer genauso, wie sie es bei mir taten. Ich wollte nur Sex. Hatte verschiedene Männer auf einmal. Einen, wenn ich intensiven, und einen anderen, wenn ich romantischen Sex wollte. Ich hasse Männer. Sie sind doch alle gleich. Manche früher, andere später. Sie denken, sie sind der Boss. Jeder Mann in meinem Leben hat mich benutzt. Sie haben keinen Respekt. Sehe ich die Männer hier im Puff, sehe ich nur Geld – neues Geld. Wenn er verheiratet ist, ist er ein Arschloch. Aber ehrlich: Es ist mir scheissegal. Ich mache mir selber nicht mehr Probleme, als ich eh schon habe.»

Noah: «Ich bin gern dominant im Bett. Mit Prostituierten bin ich noch ein bisschen dominanter – an den Haaren packen, bisschen würgen. Ich mache das auch mit anderen Frauen. Aber nur, wenn sie es wollen, wenn sie so was auch mögen. Obwohl, ich glaube nicht, dass Frauen das gernhaben. Ich habe auch schon gehört, wie Männer sagten, Prostituierte seien Gegenstände, mit denen man alles tun kann. Ich bin nicht so. Für mich ist jeder Mensch gleich viel wert.»

Elena: «Letztes Jahr, als ich bei H&M arbeitete, habe ich im Internet einen Mann kennengelernt. Er kam mit gefüllten Einkaufstaschen zu mir nach Hause. Er wollte für mich kochen. Ich habe ihm gesagt, dass ich mich unwohl fühle in dieser Situation.»

«Warum hast du dich nicht wohlgefühlt?»

Elena: «Weil das noch nie jemand für mich getan hat. Ich mag auch Geschenke nicht. Ich weiss nie, was ich dann tun muss oder was er dafür will.»

«Ein Geschenk zeigt, dass dich jemand mag. Das verlangt keine Gegenleistung.»

Elena: «Ja, aber das ist in meinem Leben noch nicht oft passiert. Auf Tinder habe ich in dieser Zeit noch einen anderen Mann kennengelernt. Er war nett. Wir hatten grossartigen Sex und ich verliebte mich. Aber dann habe ich ihn auf allen Kanälen geblockt. – Ich, ich hatte Angst vor der Liebe.»

Noah: «Lerne ich eine Frau kennen, wir treffen uns und gehen essen, wird es früher oder später kompliziert. Entweder sie verliebt sich in mich oder ich mich in sie. Versteh mich nicht falsch, ich mag das: essen gehen, ihr zuhören, Fragen stellen und am Ende vielleicht Sex. Aber einer von beiden will immer mehr. Und ja, davor hab ich Angst. Ich will nicht verletzt werden. Will aber auch keine Frau verletzen. Ich habe gesehen, wie mein Vater meine Mutter verletzt hat. Ich will nicht so sein. Im Puff kann das nicht passieren.»

Es ist kurz nach 21 Uhr. Elena kommt in die Lounge. Sie ist ausser sich, kickt in die Luft, flucht und setzt sich in einen Sessel. Die anderen wollen wissen, was los ist. Elena war mit einem Mann im Zimmer, der einen Blowjob ohne Kondom wollte. Sie wies ihn darauf hin, dass er dafür duschen muss. Er wollte nicht, weil er morgens geduscht habe. Sie erklärte ihm, dass sie am Morgen ebenfalls geduscht habe, aber trotzdem wieder, nachdem sie mit dem letzten Kunden im Zimmer war. Er insistierte. Sie weigerte sich. Da verlangte er eine andere Frau. «Das ist so respektlos!», sagt Elena, nimmt eine Marlboro aus der Schachtel und zündet sie an.

In der Zwischenzeit war die Empfangsdame im Zimmer, hat mit dem Mann gesprochen. Sie kommt in die Lounge, sagt: «Er geht jetzt duschen. Du kannst zurückgehen.»

Elena: «Wenn ich jetzt zurück in dieses Zimmer gehe, kannst du gleich den Krankenwagen rufen.» Die Empfangsdame sagt nichts und geht. Elena zieht an ihrer Zigarette, zieht, zieht, zieht. Dann wechselt ihr Gesichtsausdruck. Sie drückt die Zigarette aus, steht auf, geht ins Zimmer.

«Elena, was ist Liebe?»

«Ich spüre es, wenn ich einen Mann zum ersten Mal sehe. Er muss mein Typ sein. Sex ist wichtig. Aber ich mag meine Brüste nicht. Ich brauche zwei bis drei Monate, bis ich mich ohne BH wohlfühle mit einem Mann. Lügt er mich an, ist es vorbei. Wer liebt, lügt nicht. Ich will einen richtigen Mann, kein Kind. Ich will nicht seine Mutter spielen. Er müsste mir seine Liebe zeigen. Nicht mit Blumen oder so. Etwas, was man mit Geld kaufen kann, ist nichts wert. Er soll mir schreiben, noch bevor ich aufgewacht bin, so was wie: «Guten Morgen, meine Liebste.» Und wenn ich ein Problem habe, dann interessiert er sich dafür. Das wäre Liebe. Ich hoffe, dass ich so jemanden finde. Aber ich glaube nicht daran. Das passiert nur in Filmen, nicht im echten Leben.»

Noah: «Manchmal rede ich mit den Prostituierten. Das ist schon eine andere Welt. Aber es ist wie mit den Portugiesinnen. Ich kenne welche, die haben in Portugal studiert und in der Schweiz arbeiten sie als Putzfrauen. Ich sehe es so: Bisschen rumficken ist einfach verdientes Geld. – Obwohl, wenn ich sehe, was da manchmal für Männer im Puff sind, das würde mich dann schon auch anscheissen. Einigen wir uns darauf: Die Prostituierten machen es wegen des Geldes. Geld regiert die Welt. Das ist traurig. Wir alle wissen, dass es nicht glücklich macht. Aber ohne Geld geht es nicht. Punkt. Muss mir niemand erzählen, dass es denen Spass macht. Deshalb brauchen sie schauspielerisches Talent. Ob sie mir nun aber etwas vorspielt oder nicht, scheiss drauf, ich bin danach zufrieden.»

Bordellbetreiberin Anna arbeitet am Computer. Elena kommt hinein und setzt sich an den Tisch. Sie starrt in die Luft. Anna fragt, ob alles in Ordnung ist. «Ich kann einfach nicht vergessen, was ein Kunde gestern zu mir gesagt hat.» Anna dreht sich vom Computer weg, will wissen, was der Mann denn gesagt habe. Elena: «Wieso schluckst du mein Sperma nicht. Schluck es! Du bist doch eine Schlampe.» Tränen. Elena in Unterwäsche auf dem Stuhl sitzend, flüstert: «Ich bin keine Schlampe.» Anna steht von ihrem Bürostuhl auf, geht zu Elena hin, nimmt sie in den Arm. Sagt ihr, dass der Mann damit mehr über sich selbst aussagte als über sie. Sie streicht der Ungarin übers Haar, sagt: «Du bist wertvoll.»

Noah: «Mir löscht es voll ab, wenn ich eine Frau kennenlerne und merke, dass sie eine Schlampe ist. Also eine, die es mit jedem macht und alles zulässt. Mich reizt es, um eine Frau zu kämpfen. Dieses Erobern ist im Mann drin. Im Puff ist es das Gegenteil, hier besteht der Reiz darin, dass du bekommst, was du im echten Leben nie haben wirst: eine 1,80 Meter grosse Frau, braungebrannt mit Doppel D. Ich sags ganz ehrlich: Das ist die Pornoindustrie, die dir dieses Bild gibt. Überall nur Riesenärsche und Riesenschwänze. Wenn du das siehst: 15 Zentimeter oder so, dann fühlst du dich selber voll benachteiligt und hast Angst, dass du die Frau nicht befriedigen kannst. Pornos machen Menschen kaputt. In Pornos packt er sie am Hals, zieht an ihren Haaren, steckt seinen Schwanz in sie rein. Eigentlich weiss ich, dass Frauen das nicht geil finden. Aber in diesen Momenten denke ich nicht, was die Frau fühlt. – Weil: sie stöhnt ja.»

Elena: «Ich brauche das Geld. Wenn ich unendlich viel Geld hätte, würde ich meiner Mutter ein Haus mit Garten und Swimming-Pool kaufen. Sie hat nie ein gutes Leben gehabt.

Ich selber möchte ein Auto. Wenn ich in einem Auto sitze, fühle ich mich frei. Ich kann hinfahren, wo immer ich will. Je schneller, desto besser. Wenn ich wegen der Geschwindigkeit eine Busse bekomme, ist mir das egal. Das Gefühl der Freiheit ist es mir wert.»

Noah: «Es ist dieses Bild aus den Pornos, das du im Puff suchst. Dabei ist doch jede Frau schön. Ich meine, wenn du eine Frau nackt siehst, dann *gleich is Lack*. Da siehst du die Hängetitten gar nicht mehr. Überhaupt sind wir Männer doch auch nicht perfekt, es gibt solche, die haben Hoden bis zum Boden. Aber in diesem Moment ist doch alles egal.»

Elena: «Wenn ich arbeite, fühle ich mich sicher. Obwohl das Puff zugleich mein Gefängnis ist. Draussen bin ich ein kleines, scheues Mädchen. Bin introvertiert, trage kein Make-up. Klar, wenn mich jemand auf der Strasse anschaut, geniesse ich das. Es ist gut für mein Ego, mehr nicht. Aber ich hasse es, wenn mich Männer anquatschen. Hier drinnen versuche ich, mich unauffällig zu verhalten, wenn ich nicht mit einem Kunden ins Zimmer will. Ich blicke ihn nicht an, wenn er aussucht, und versuche so, der Situation zu entkommen. Wählt er mich trotzdem, gehe ich mit ihm. Ich will meinen Arbeitsplatz nicht verlieren.»

Noah: «Wenn ich ins Puff gehe, bin ich meistens nicht nüchtern. Ich muss da schon über meinen Schatten springen. Du kommst rein, kannst eine Frau aussuchen und dann mit ihr Sex haben. Da ist doch jeder Mann überfordert. Das ist sonst nie so natürlich. Viele sind aber auch nicht nüchtern, weil sie Angst haben, zu früh zu kommen. Wenn du für Sex zahlst, willst du nicht, dass es nach fünf Minuten schon fertig ist.»

Es ist zwei Uhr morgens. Ein Sonntag. Elena ist nicht gut gelaunt. Ich frage sie, ob sie raus will, spazieren. Sie fragt Anna, ob sie darf. Wir nehmen den Hund mit. Elena raucht eine Zigarette nach der anderen, ist auf den Hund fixiert, streichelt ihn ständig. Sie redet leise über damals, als sie bei H&M arbeitete, kniet sich immer wieder zum Hund, sagt: «Ich möchte ein normales Leben. Ich wünsche mir so sehr einen Menschen, der mich liebt.» Immer wieder flüstert sie: «Ich will das nicht mehr. Ich kann nicht mehr.»

Einmal erklärt mir Elena, dass sie eine ganz durchschnittliche Person sei. Sie kifft jeden Abend vor dem Einschlafen, damit sie nicht träumt. Liebt Horrorfilme, wohnt in einer kleinen Stadt in Ungarn und mag es, wenn sie eine Arbeit hat, bei der sie Jeans und T-Shirt tragen kann. In ihrer Kleinstadt wissen alle, was sie tut. Sie habe gewählt, was sie macht. Sie lüge nicht. «Wer lügt, muss sich immer merken, was er das letzte Mal erzählt hat.» Das ist Elena zu anstrengend. Fast immer, wenn sie nach Ungarn zurückkehrt, geht sie in den INTIMISSIMI-Laden und kauft Unterwäsche für 1000 Franken. Nicht, weil sie Unterwäsche braucht. Weil sie es liebt, wenn die Verkäuferinnen sich um sie kümmern. Das gebe ihr das Gefühl, jemand zu sein. «Ich bin so hungrig nach Liebe und Fürsorge. Im INTIMISSIMI-Laden kaufe ich mir dieses Gefühl.»

«Ich heisse Sara»

Die Frauen im Sexgewerbe tragen Namen wie Jenny, Lucie, Bella, Gabi, Julie oder Vicky. Manchmal wählen sie den Namen selber, manchmal wird er ihnen gegeben. Sie wechseln ihn, wenn eine andere Frau im Bordell den gleichen Namen trägt. Geht die Frau nach Hause, bleibt der Name da, bis sie wiederkommt. Es kann passieren, dass er trotzdem mitreist. Emma erzählt, sie habe sich kürzlich zu Hause in Bukarest jemandem mit ihrem Schweizer Namen vorgestellt. Sie ist mehr darüber erschrocken als ihr Gegenüber.

Was die Frauen in der Schweiz arbeiten, weiss in der Heimat meist nicht einmal die eigene Familie.

Das Bordell bleibt, die Frauen wechseln. Manche kommen immer wieder, andere nur einmal. Wer bei Anna einen Platz hat, schläft nicht im Bett, in dem sie arbeitet. Der oberste Stock ist für die Frauen reserviert. Dort gibt es eine grosse Küche und eine Terrasse. Immer zwei Frauen teilen sich ein Zimmer. Manchmal kocht eine für alle. Manchmal gibt es Streit, weil Haare im Duschabfluss sind. Das Bordell öffnet um elf Uhr morgens, schliesst um zwei Uhr nachts – oder dann, wenn der letzte Kunde fertig ist.

In Bademänteln liegen die Frauen auf den Sofas in der Lounge. In der Küche läuft die Waschmaschine, im Hintergrund Musik. Sie sind mit dem Smartphone beschäftigt, haben Plüschfinken an den Füssen. Ertönt die Türklingel, verschwindet das Handy, Mantel und Plüschfinken auch. Ihnen bleiben keine 30 Sekunden, bis der Mann eintritt. Steht er in der Lounge, sitzen sie in Unterwäsche da. Ein Bein über das andere geschlagen, Stöckelschuhe an den Füssen. Sie begrüssen ihn, hängen seine Jacke auf, fragen, wie es ihm geht, lachen. Sie bringen, was er trinken will, reden mit ihm, er wählt, geht mit der Frau ins Zimmer. Die Zurückbleibenden ziehen Bademantel und Plüschfinken wieder an, scrollen sich weiter durch Instagram. Bis es wieder klingelt. Der Rhythmus des Puffs.

An einem Abend sehe ich eine unscheinbare Frau, als ich meine Jacke hole. Sie sitzt am Tisch und schaut in ihr Smartphone. Ich will heim, stelle mich ihr aber noch vor. Ich notiere: Sara, 33, Bulgarin, hat ein Kind, spricht gut Englisch. Denke mir, dass diese Sara ziemlich verschlossen ist.

Nach fünf Minuten sage ich, «bis bald!» und gehe.

In diesem Moment weiss ich nicht, dass ich an einem Sommertag in acht Monaten in Saras Dorf in Bulgarien sein werde. Bei einem Picknick am Fluss mit ihren Schwiegereltern, ihrer Schwägerin, ihren Neffen. Ich auf meinem Strandtuch liege und lese, als ihr kleiner Bub auf mich zutappst, immer näher kommt, bis er sich selbst in den Gläsern meiner Sonnerbrille sieht. Sich eine Weile anschaut und dann noch näher kommt, so nah, bis seine kleine Nase meine berührt.

Der Anwalt

Es gibt eine Person in der Schweiz, die in jeder Talkshow zum Thema Prostitution mit am Tisch sitzt: Milieu-Anwalt Valentin Landmann. Alle sagten mir: Mit Landmann musst du reden!

Mehr als zwei Monate warte ich auf das Gespräch mit dem Zürcher Anwalt. Als ich sein Büro verlasse, habe ich 47 Minuten Gespräch auf Band.

Landmann erklärt, dass Sexarbeit normale Arbeit sei. Da Sexarbeit in der Schweiz legal ist, hat die Unterwelt ihren Einfluss verloren. Der Grossteil der Frauen arbeitet selbstbestimmt. Es sind ganz normale Frauen. Wenn ich ihm sage, ich bin eine Sexarbeiterin, wäre er nicht erstaunt. Selten kommt es zu strafrechtlich relevanten Vorfällen in Bordellen. Hin und wieder wird Druck im privaten Bereich ausgeübt. Aber die Frauen sind nicht blöd, wehren sich, weil sie merken, dass sie in der Schweiz zur Polizei gehen können. Anders sei es in Ländern, in denen die Prostitution oder der Kauf von Sex verboten ist. Da würden diese Frauen zum Parade-Ausbeutungsobjekt. SVP-Kantonsrat Landmann argumentiert in diesem Punkt gleich wie die auf Prostitution und Menschenhandel spezialisierte Fachstelle FIZ in Zürich.

Rückblende: 2015 ist Valentin Landmann bei TELEZÜRI im *Talk Täglich*. Es geht ums Rotlichtmilieu, klar. Der Zürcher Anwalt sitzt neben dem deutschen Bordellbesitzer Jürgen Rudloff. Angekündigt werden die beiden mit den Worten: zwei «die wissen, was im Milieu wirklich abgeht». Landmann und Rudloff duzen sich.

Rudloffs Geschäft sind «Wellness-Oasen für Männer». Der Deutsche hat Grossbordelle in Saarbrücken, Frankfurt am Main und im österreichischen Graz. Bei *Talk Täglich* geht es vor allem um sein «Paradise» bei Stuttgart. Ein Bordell mit zwei Frauenbeauftragten, einem hauseigenen Gynäkologen und einem runden Tisch, an dem Rudloff sich regelmässig mit Ordnungsamt, Finanzamt und Polizei trifft. Rudloff ist verheiratet, seine vier Kinder besuchen die Waldorfschule und das «Paradise» funktioniert wie die modernen Sex-Clubs in der Schweiz: Sowohl Prostituierte wie auch Freier bezahlen Eintritt. Den Frauen gehört, was sie verdienen.

Im Talk sagt Rudloff, was ihn angetrieben hat, Bordelle zu betreiben: «Mir war wichtig, der Gesellschaft mitzuteilen, dass es hinter diesen Mauern, wo diese Damen ihrem Beruf nachgehen, nicht so ist, wie es dargestellt wird, dass mit Druck und kriminellen Energien gearbeitet wird.»

Vier Jahre nach dem TELEZÜRI-Auftritt wird Landmanns Duzfreund vom Stuttgarter Landgericht zu fünf Jahren Gefängnis verurteilt. Wegen Beihilfe zu Menschenhandel, Zuhälterei und Betrug. Rudloff hatte mit verschiedenen Rockerbanden kooperiert, damit in seinem Club genügend Prostituierte anwesend waren. In seinem «Paradise» waren Zwang und Gewalt Alltag. Die Frauen wehrten sich nicht – aus Angst.

Wie Bordellbetreiber Frauen finden, ist eine zentrale Frage. Die gängige Antwort: Die Frauen melden sich.

Es gibt auch andere Stimmen. Ein Nachtclubbesitzer sagt, dass in einem Churer Hotel, das zu einer internationalen Kette gehört, seit Jahren sechs Zimmer an Prostituierte aus den baltischen Staaten vermietet werden. «Wunderschöne Frauen.» Es heisse, sie kommen aus freien Stücken. «Ein klassisches Beispiel dafür, wie naiv man sein kann», sagt er. Es ist ja noch möglich, dass eine 20-jährige Frau in die Schweiz kommt, um anzuschaffen. Aber wie kommt sie ausgerechnet nach Chur in dieses Hotel? Die Frauen dort wechseln alle sieben bis vierzehn Tage. Am Tag, an dem eine abreist, werden von der neuen Frau Inserate geschaltet und die Handynummer wird publiziert. «Alles ist da, wenn sie eintrifft. Wie soll das gehen? Das geht doch nur, wenn jemand alles von Anfang bis Ende organisiert.»

Ein anderer Betreiber aus dem Mittelland erzählt, dass es in dieser Branche normal ist, Mails und Whatsapp-Nachrichten zu bekommen, in denen Frauen für die Arbeit als Prostituierte angeboten werden. Nachvollziehbar sei nicht, wer der Absender ist. Antwortet man darauf, kommt am nächsten Tag ein Mann vorbei, um über den Preis zu verhandeln. Eine Frau koste bis zu 50 Franken pro Tag. «Für mich lohnt sich das, wenn die Frau gut ist. Klar ist die Wahrscheinlichkeit hoch, dass sie nicht freiwillig arbeiten. Aber was soll ich machen?»

Auch Anna bekommt Nachrichten, in denen Frauen angeboten werden.

Ein ehemaliger Puffbetreiber aus dem Kanton St. Gallen sagt, dass immer wieder Männer vorbeigekommen sind und gefragt haben, ob er Frauen brauche. Wer will, dem besorgen sie welche, und kassieren ab. Die Frauen wehren sich nicht, weil es sonst Ärger gibt. Sind sie da, bleiben sie, weil sie niemanden kennen und kaum Deutsch sprechen.

Doch zurück in Landmanns Büro, wo Totenköpfe auf dem Schreibtisch stehen und eine Mitarbeiterin Kaffee serviert. Landmann will einzig über die Vorzüge der legalen Prostitution sprechen und über die Katastrophe eines Sexkaufverbots, wie es die Schweden haben. Seine Message: Gibt es Probleme im Rotlicht, dann nur, wenn Prostitution oder der Kauf von Sex verboten sind. Ich mag nicht über Gesetzgebung reden.

«Herr Landmann, warum braucht es Sexarbeiterinnen?»

«Ganz einfach, es ist ein Markt. Und es entspricht offensichtlich den Bedürfnissen. Es geht nicht jeder Mann jede Woche. Aber ein sehr hoher Prozentsatz aller Männer holt sich das hin und wieder. Im Gegensatz zum Ruf, den die Prostitution hat, ist das für die Frauen keineswegs besonders unangenehm – das weiss ich von vielen Sexarbeiterinnen.»

Landmann hat seine Quellen. Als Anwalt vertritt er vor Gericht nicht nur Menschenhändler, Zuhälter und Bordellbetreiber. Er pflegt auch Kontakte zu Rockern und zu Frauen im Milieu. Auf ganz privater Ebene, wie er sagt. Ein Kunde sei er nicht, nein. Freundschaften mit Frauen, die anschaffen, habe er schon gehabt. Prostituierte können normale Liebesbeziehungen führen, sagt Landmann. Ihre Partner akzeptierten das, ohne finanziell davon profitieren zu wollen. Landmanns Beweismittel: Handyfotos! Das erste Bild zeigt eine Frau, etwa 40 Jahre alt, lächelnd in Alltagskleidung. Das zweite Foto die gleiche Frau im Sadomaso-Outfit. Landmann sagt: Diese Frau ist mit einem ehemaligen Kunden und pensionierten Manager verheiratet. Beide seien zufrieden.

gefra
sie w
weil
mand

Doch
Schre
Land
tutio
bots,
blem
von S
reder

sicht
Woch
sich d
stitu
unan

Geric
betre
im M
er nic
habe
bezie
tierte
mann
Frau
zweit
sagt:
sioni

Ich bin etwas irritiert, dass im Bücherregal das Foto einer Person steht, die dieser Frau zum Verwechseln ähnlichsieht.

Landmann argumentiert weiter. Er sei dabei gewesen, als ein Journalist eine Prostituierte in einem Sexclub fragte, ob es nicht gegen ihre Würde verstosse, das Glied eines Mannes gegen Geld in den Mund zu nehmen. Lächelnd erzählt Landmann mir, was die Frau geantwortet habe: «Herr Redaktor, in guten Monaten verdiene ich 50 000 Franken. Wie viel verdienen Sie?» Landmanns Kommentar zur Anekdote: «Mit ihrer Antwort war die Frage nach der Menschenwürde sekundär.»

«Mein Zuhälter ist das Leben»

Zwei Tage nachdem ich Sara spätnachts im Bordell zu erstem Mal getroffen habe, sehe ich sie wieder.

«Die anderen Frauen haben mir erzählt, was du hier machst. Ich dachte mir, dass ich nicht mit dir spreche und dir gar nichts aus meinem Leben erzählen werde. Aber ich habe dich nun einige Abende beobachtet. Habe gesehen, wie du wirklich versucht hast, zu verstehen. Da habe ich meine Meinung geändert. Ich dachte, falls du fragst, ob ich reden will, unterhalte ich mich mit dir.»

Es ist früher Abend. Sara setzt sich zu mir aufs Sofa und beginnt zu erzählen:

«Ich habe einen Sohn. Fünf Monate war er, als ich das erste Mal wieder in die Schweiz kam, um zu arbeiten. Mittlerweile ist er sieben Monate alt. Ich merke, dass es mir jedes Mal schwerer fällt, ihn zurückzulassen. Am liebsten möchte ich nichts verpassen, was er tut. Wenn ich weg bin, schaut meine Mutter zu ihm, weil mein Mann auch im Ausland arbeitet. Die beiden wissen nicht, was ich hier mache. Ich bin sicher, dass sich mein Freund von mir trennt, wenn er es erfährt. Sie glauben, ich arbeite in der Schweiz als Tour-Guide. Eine Kollegin macht das tatsächlich und ich erzähle die Geschichten, die sie mir erzählt, zu Hause so, als ob es meine Erlebnisse wären. Ich habe eine grosse Fantasie.

Meine Mutter hat ein hartes Herz. Ich kann mich nicht erinnern, dass sie mir jemals sagte, dass sie mich liebt. Nie sprechen wir über persönliche Sachen. Ich weiss, dass sie alles tun würde für mich. Aber sie kann ihre Gefühle nicht zeigen. Vielleicht ist sie so, weil mein Vater früh verschwand. Als Teenager träumte ich davon, Fitness-Trainerin zu werden. Meine Mutter erlaubte es nicht. Dann wollte ich Pianistin und danach Kunstmalerin werden. Meine Mutter erlaubte auch das nicht. Ich müsse Anwältin oder Ärztin sein, sagte sie. Nun, heute bin ich eine Schlampe.

Warum ich mit dieser Arbeit begonnen habe? Es gibt ein Sprichwort in Bulgarien: Wenn dir das Leben immer wieder ins Fleisch schneidet, ist das Messer irgendwann auf dem Knochen. Dann hast du keine Wahl mehr. So war es bei mir. Es gab keine Person, die mich gezwungen hat. Es war das Leben, das mich zwang. Mein Zuhälter ist das Leben.

Ich ging zuerst nach England, arbeitete in einem Hotelzimmer. Bis zu dem Tag, als einer kam, mich niederschlug und so lange auf mich eintrat, dass ich das Bewusstsein verlor. Als ich wieder zu mir kam, war ich voller Blut und alles war weg. Geld, Pass, alles. Sogar die kleine Tasche mit meinen Kleidern. Als mein Gesicht nach ein paar Wochen wieder einigermassen normal aussah, bin ich in die bulgarische Botschaft gefahren und habe einen neuen Pass gemacht. Ich schwor mir, nie wieder in England zu arbeiten. Also bin ich nach Deutschland. Dort habe ich im Supermarkt heimlich die Wasserflaschen aufgedreht, um zu hören, ob Kohlensäure drin ist. Ich mag Wasser mit Kohlensäure nicht. Aber ich verstand kein Wort Deutsch und konnte nicht lesen, was auf der Flasche steht. Später bin ich in die Schweiz gekommen. Ich war in Studios in Luzern, Bern und in einer Stadt, an deren Namen ich mich nicht mehr erinnere. Hier, wo ich jetzt bin, ist es gut. Ich lasse mich zwanzig Minuten ficken und kriege dafür so viel wie in Bulgarien für einen Tag Arbeit. Um das zu machen, ziehe ich mir eine imaginäre Maske an, wenn ich mit einem Kunden ins Zimmer gehe. So schaffe ich es, zu tun, was auch immer ich tun muss. Ich hoffe immer, dass es schnell vorbei ist.

Ich habe seit England keine schlechten Erfahrungen mehr gemacht. Klar gibt es viele Kunden, die gewalttätig sind. Manche ficken dich, als ob du ein Tier wärst. Wenn ich sage, dass es mir wehtut, hören sie nicht hin. Es ist ihnen egal, ob sie mir Schmerzen zufügen. Hier bei Anna kann ich es sagen, wenn mir einer wehgemacht hat. Kommt er wieder und tut es nochmals, kriegt er Hausverbot. In den anderen Studios war es den Besitzern egal, wie die Männer mich behandelten.

Am schlimmsten finde ich die Respektlosigkeit. Einmal kam einer, der sich beschwerte, dass wir nicht Deutsch sprechen. Wir seien hier in der Schweiz, sagte er und wollte wissen, welches der höchste Schweizer Berg ist und solche Sachen. Wir müssten das wissen, wenn wir hier sind. Also sagten wir ihm: Ja, wir sind dumm und lassen uns ficken, weil es uns Spass macht. Deshalb sind wir hier.

Ich möchte ein normales Leben, möchte auch kein Doppelleben mehr. Ich will bald mit meinem Freund nach Spanien und Arbeit suchen. Wenn wir eine Basis haben, so in drei bis vier Jahren, holen wir das Kind nach. Das ist der Plan.

Bis jetzt kam es zwar noch nie so raus, wie ich es geplant habe, aber nun trage ich nicht mehr nur die Verantwortung für mich, sondern auch für meinen Sohn. Als ich nach der

Geburt allein mit ihm im Zimmer war und ihn zum ersten Mal in meinen Armen hielt, gab ich ihm ein Versprechen. Ich sagte ihm: ‹Ich werde dich niemals daran hindern, deine Träume zu erfüllen, egal wie dumm und unrealistisch sie auch immer sein mögen.›»

Die Schweizer und ihre Vorlieben

Alexander Ott steht vom Tisch auf, an dem wir lange gesessen sind. Er geht zu seinem Schreibtisch, tippt den Namen einer Sexseite ins Suchfenster und erklärt mir, wie sie funktioniert: «Hier können Sie nach Regionen sortieren.» Er klickt auf den Kanton Uri und die Angebote dort, sagt: «Gibt ja bekanntlich keine Prostitution in der Innerschweiz.»

Alexander Ott ist Chef der Einwohnerdienste, Migration und Fremdenpolizei der Stadt Bern. Wer in der Hauptstadt arbeiten will, muss zum persönlichen Gespräch bei der Fremdenpolizei vorbei. Ott und sein Team treffen also jede Frau und jeden Mann, der in ihrer Stadt anschafft. Die Angaben werden erfasst und anonymisiert ausgewertet. Dieses Vorgehen ist einzigartig in der Schweiz. Anderorts wird die Registrierung übers Internet vorgenommen. Darum ist die Berner Fremdenpolizei eine der wenigen Schweizer Behörden, die statistisches Material zum Sexgewerbe hat.

Auf dem Bildschirm von Alexander Ott ist noch immer die Sexseite geöffnet. Ott navigiert mit der Maus die Stadt Bern an. «Hier sehen Sie, wie viele Prostituierte aktuell auf diesem Portal registriert sind. Verfolgen Sie das mal in den nächsten Monaten. Sie werden sehen: Kurz vor Beginn grösserer Anlässe nehmen die Registrierungen signifikant zu.»

Ott hat recht.
21. Februar 2020: 138 Inserate.
24. Februar: 151 Inserate.
Am 2. März 2020 beginnt die Session in Bern.
6. März: 182 Inserate.

Rosanna (42) kommt aus Sizilien. Sie heiratete mit 18 Jahren einen Mafioso. Nach der Scheidung lernte sie am Strand von Palermo eine Schweizerin kennen. Sie ging mit ihr nach Basel, arbeitete dort als Erotikmasseurin. Nach einigen Monaten begann sie, in Bern Sex zu verkaufen. Fast jeden Kunden fragte sie nach dem Sex: Warum bist du fremdgegangen? Warum stehst du auf diese Dinge? Warum hast du das als Anwalt, Richter, Staatsanwalt oder Politiker nötig? Erfahren hat Rosanna dabei viel über Analsex. Und auch über die Lust der Mächtigen an der Erniedrigung.

Rosanna: «Die hohen Tiere sind die grössten Dreckschweine. Ein Mann hat mir einmal in die Klitoris gebissen. Stell dir vor, wie weh das tut?! Ich habe ihn volle Pulle gegen die Wand getreten. Er ist aufgestanden und zeigte mir seine Polizeimarke. Ich habe ihm gesagt, mir ist scheissegal, wer du bist. Ich werde nun meine Pistole holen und dich erschiessen – und der hat echt geglaubt, ich habe eine Pistole. Nach diesem Vorfall hat er sich in mich verliebt. Er war wohl beeindruckt. Irgendwann wollte er, dass ich ihn vollkacke. 800 Franken bot er mir dafür. Ich habe ihm gesagt, dass er meine Kacke nicht kriegt, das sei eklig und eine Grenze, die ich nicht überschreiten kann. Sonst könnte ich mich nicht mehr im Spiegel anschauen. Gut, hat er gesagt, dann machen wir es anders: Du kackst in einen Beutel, stellst es in den Gefrierschrank, ich hole es morgens ab und esse es zu Hause, wenn meine Frau nicht da ist. Da habe ich gesagt: Komm hier nie wieder her.

Ich kenne eine Frau, da kommen die Männer, kacken in ein Brötchen rein und sie isst es und umgekehrt. Diese Frau macht diesen Job seit vierzig Jahren. Etwas habe ich kapiert: Wenn du diese Arbeit zu lange machst, machst du alles. Dann hast du keine Grenzen mehr.

Grundsätzlich gilt: Je höher die Position, desto mehr Erniedrigung. Ich habe beispielsweise Umschnall-Dildos angeboten. Und wenn ich gefragt habe, ob er das will, weil er schwul ist, verneinte der Mann. Ich habe begriffen, dass die Sache anders ist: Diese Menschen haben eine hohe Verantwortung im Job. Sie werden von allen bedient. Auch zu Hause bei Frau und Kind haben sie das Sagen. Sie brauchen also einen Ausgleich, damit sie am nächsten Tag wieder Power haben. Dieser Ausgleich ist die Erniedrigung. Für mich ist das seltsam. Aber das war so. Angekackt habe ich sie nicht, aber angepisst – und sie haben es getrunken. Manche Kunden kannte ich aus dem Fernseher. Hin und wieder habe ich, während sie duschten, ihre Ausweise angeschaut, mir den Namen gemerkt und ihn später im Internet nachgeschaut. Um Gottes willen, habe ich einmal gedacht, als ich sah, wer da bei mir war, und mir überlegt, ob ich mich gut benommen habe. Ich nahm mir dann vor, anständiger zu sein, weil solche Leute Macht haben. Eine Kollegin riet mir, eine Kamera zu installieren oder Fotos mit dem Handy zu machen und dann richtig viel Geld zu erpressen. Aber so etwas mache ich nicht.»

Rosanna war 37 Jahre alt, als sie anzuschaffen begann. Die anderen Frauen im Bordell waren fast zwanzig Jahre jünger und aus Osteuropa. Rosanna wusste nicht, wie dieser Job geht, die jungen Frauen schon. Sie erklärten ihr: Du musst den Männern etwas vorspielen, darfst sie nicht küssen und keinen Mann ablehnen. «Nicht küssen und jeden nehmen? Wo bleibt denn da der Spass», fragte sich Rosanna. Wer diese Arbeit mit 18 Jahren beginnt, wird davon geformt. «Ich war fast 40, wollte mich nicht von diesem Job formen lassen.» Aber Rosanna spürte, dass sie sich schützen muss. Deshalb wurde sie während der Arbeit zu einer anderen Frau. Giulia hiess diese Frau.

«Als ich anfing, war Rosanna noch im Vordergrund. Sie ging einkaufen und machte auch sonst alles ausserhalb des Studios. Aber nach vier oder fünf Monaten nahm Giulia überhand. Wenn sie arbeitete, unterdrückte sie Rosanna, um sie vor Verletzungen zu schützen. Rosanna wurde hinter eine innerliche Mauer gesperrt. Natürlich litt Rosanna, weil sie nicht mehr rauskonnte, sie wurde immer schwächer. Giulia immer stärker. Das war ein Problem. Denn Rosanna existierte ja noch. Aber irgendwann ging nicht mehr Rosanna in die MIGROS einkaufen, sondern Giulia.»

Zurück im Büro von Alexander Ott. Er sagt, dass es praktisch keine Schweizerinnen gebe, die sich prostituieren. Rund 95 Prozent aller Prostituierten sind mittlerweile Migrantinnen, etwa die Hälfte der Frauen kommt aus Osteuropa. Die meisten aus Rumänien, Bulgarien und Ungarn. «50 bis 70 Prozent aller Frauen arbeiten aus unserer Sicht nicht unter offensichtlichem Zwang», sagt Ott. Dabei stelle sich die Frage, was Zwang genau bedeutet. Die meisten Frauen sagen bei den Gesprächen, dass sie eine andere Arbeit machen wollen. «Der Grund, weshalb sie in der Schweiz sind, ist also Alternativ- und Perspektivlosigkeit.»

Rosanna: «Bist du in der MIGROS, denkst du, alle Männer schauen dich an, alle kennen dich aus der Anzeige vom Internet. Dieses Gefühl wird immer stärker. Ich konnte mich nicht mehr normal verhalten. Ich hatte so eine Art Verfolgungswahn. Immer dachte ich: Die kennen mich! Im Winter trug ich deshalb Mütze und Schal, im Sommer habe ich mir die

Haare anders gemacht und eine Sonnenbrille aufgesetzt. Ich habe mich immer mehr versteckt. Aber ich wusste, ich kann nicht den ganzen Tag drinnen sein und einen Termin nach dem anderen machen, ich muss nach draussen – zu meinem Schutz. Die jungen Osteuropäerinnen sind kaum rausgegangen, drei, vier Tage nicht. Sie baten mich jeweils, ihnen Brot, Cola und solche Sachen zu bringen.»

Alexander Ott sagt: «Letztlich geht es bei der Sexarbeit um Armut.» Doch Sexarbeit ist legal. Und wenn es in geordneten Bahnen abläuft und es klare Rahmenbedingungen gibt, könne es vielleicht eine Möglichkeit sein, dass diese Frauen wieder auf die Beine kommen. «Trotzdem ist diese Tätigkeit von mir aus gesehen sehr prekär. Die körperliche Integrität wird benutzt und verletzt.» Ott hat Frauen kennengelernt, bei denen er richtiggehend zuschauen konnte, wie sie kaputtgingen. Oft waren Alkohol und Drogen im Spiel. Eine Ungarin traf er, als sie das erste Mal überhaupt anschaffen ging. «Sie war taff und wusste genau, was sie macht und was nicht.» Beim zehnten Mal in der Schweiz liess sie alles über sich ergehen. Mit Sicherheit könne er sagen, dass er noch nie eine Frau getroffen hat, die diesen Beruf über längere Zeit ausübte und dabei gesund blieb. «Diese Arbeit fordert einen hohen Preis.»

Rosanna: «Ich hatte elf Kunden am Tag und zwei Tage in der Woche Pause. Damals kostete eine Stunde 500 Franken, mit anal 600. Fürs Zimmer habe ich täglich 150 Franken Miete bezahlt. Ich habe mich nie wie eine Prostituierte angezogen. Wenn es klingelte, sind die anderen Mädchen in Unterwäsche an die Tür. Ich trug Leggins und T-Shirt. Ich nahm auch nicht alle Männer an. Meine Taktik war, hinter den anderen zu stehen, den Mann nur anzugucken, mit einem Blick, der sagt: Ob du mich nimmst oder nicht, ist mir scheissegal. Seltsamerweise kamen alle zu mir. Ich habe so viel verdient damals, das war nicht mehr normal.»

Alexander Ott kommt wieder auf sein statistisches Material zu sprechen. Bei 50 bis 70 Prozent der Frauen geht er nicht von Zwang aus. «Bleiben 30 bis 50 Prozent, bei denen wir Zwangsprostitution vermuten.» Zudem gibt es immer mehr junge Frauen, bei denen ein Freund im Hintergrund ist, der ihnen das Blaue vom Himmel verspricht. «Bei diesem Phänomen sind wir ziemlich machtlos.» Diese Frauen sind oft nur drei Jahre zur Schule gegangen und treffen dann einen Mann, der sagt, er liebe sie. Er unterstützt diese Frau jedoch nicht, sondern sagt ihr, sie soll anschaffen gehen, damit auch er etwas davon hat. «Hätte dieser Mann der Frau ermöglicht, zur Schule zu gehen und einen Job zu lernen, würde sie sich nicht prostituieren. Unter den rumänischen Prostituierten gibt es ausserdem viele Roma-Frauen. Ihnen sagen die männlichen Familienmitglieder: Du bist jetzt alt genug, geh in die Schweiz arbeiten und bring Geld heim. Es ist schwierig, den Zwang im Hintergrund zu sehen, wenn die Frauen sagen, sie tun es freiwillig. Denn oft ist es ein normativer Zwang, den die Frauen selber nicht erkennen: Sie sind jung, haben früh ein Kind, kein Geld.»

Rosanna: «Giulia wurde immer mächtiger. Mein Charakter hat sich verändert. Dabei habe ich meine dominante Ader entdeckt, die aus meiner Vergangenheit kommt. Rosanna aber ist nicht so. Rosanna ist herzlich, liebevoll. Sie ist wie ein kleines Reh.»

Die Annonce einer Brasilianerin wurde bei polizeilichen Abklärungen im Netz gefunden. «Wie sich später herausstellte», sagt Alexander Ott, «hatte diese Frau einen Freund, der wiederum einen Kollegen hatte und der kannte einen, der wusste, dass sich in der Schweiz gutes Geld verdienen lässt. Die Männer brachten die Brasilianerin nach Bern in ein Hotel und sagten ihr: Warte hier, wir organisieren dir Kunden. Die Frau wusste nicht einmal, dass sie in Bern ist. Sie durfte ein SMS schreiben, wenn sie Hunger hatte, und sie brachten ihr etwas. Ansonsten empfing sie Kunden. Sie bekam einen Teil vom Geld. Eingesperrt war sie nicht. Die Frau hätte jederzeit rausspazieren oder sich an der Rezeption melden und sagen können: Ich bin in Not. Sie tat es nicht. Somit sind Abklärungen im Rahmen möglicher Vergehen wie beispielsweise Menschenhandel äussert schwierig.» Aber so funktioniere das in den allermeisten Fällen, sagt Ott. «Alles ist viel subtiler, als wir glauben. Es ist eine Illusion, zu denken, dass die Ketten an den Händen oder Füssen sind. Die Ketten sind im Kopf.»

Rosanna: «Die Krise der Männer kommt zwischen 40 und 45 Jahren. Sie sagen: Ich liebe meine Frau, aber ich will es nochmals wissen. Das Hauptthema der Schweizer Männer ist Analsex. Ihre Frauen wollen das meist nicht. Die Männer wollen, was sie nicht haben können. Für den Mann ist Analsex wie eine Entjungferung. Die Muschi weitet sich und wird feucht. Anal ist das nicht so. Da ist es immer knalleng. Weisst du, ich komme ja aus Sizilien. Dort heiratet die Frau jungfräulich. Vor der Hochzeit gibt es nur anal. Wenn in Italien ein Mann und eine Frau eine Affäre haben und sie ihm sagt, du kriegst nur anal, ist er sauer, weil das nichts wert ist. In der Schweiz ist es umgekehrt. Das kam mir zugute. Denn meine Muschi ist heilig. Ich sagte den Männern darum: Ich schenke dir anal – und musste so vorne nicht. Wenn mich aber ein Mann anal rammelt, kann er nicht sagen, dass er Sex mit mir hatte. Er hat dann in meine Scheisse reingefickt. Er ist ein Hund. Ich habe diese Männer innerlich ausgelacht. Aber weil die Schweizer anal lieben, kamen immer mehr Männer zu mir.

Die jungen Prostituierten machen anal nur gezwungenermassen. Ich habe sie gefragt, weshalb. Sie sagen, weil es ihnen wehtut.»

«Schlüsselstelle ist die Bildung», sagt Alexander Ott. «Der grösste Teil der Frauen hat keine Ahnung von Begrifflichkeiten. Schutz existiert nicht in ihrem Leben. Mietvertrag? Noch nie gehört.» Er erinnert sich an einen Fall, bei dem 100 Franken Miete pro Tag und dann noch 400 Franken Nebenkosten pro Woche verlangt wurden. Und das ohne schriftliche Vereinbarung. Oder der Berufsvorsorgeabzug: «Abgezogen wird er zwar, aber ob dieser Betrag tatsächlich einbezahlt wird, kontrolliert kein Mensch. Wir Schweizer würden uns wehren, wenn wir so ausgenutzt würden. Diese Frauen nicht. Weil sie Angst haben, ihren Verdienst zu verlieren. Wir Schweizerinnen und Schweizer aber sind naiv und vergleichen Lebenssituationen generell mit unseren westeuropäischen Standards. Wir denken, wenn es einen Vertrag gibt, ist alles gut. Die Zuhälter aber nennen sich heute Coaches oder Personality-Trainer – kein Witz! Einer schaut für die Wohnung, in der die Frau arbeiten kann, einer für die Formalitäten und noch ein anderer organisiert die Werbung. Das ist ein ausgeklügeltes Geschäftsmodell.»

Rosanna: «Je länger ich diesen Job machte, desto mehr verlor ich mein wahres Ich. Fuhr ich in den Urlaub, brauchte ich mindestens vier Tage, bis ich wieder klar war im Kopf. War der Urlaub zu Ende, begann der Kopf zwei Tage vor Arbeitsbeginn damit, sich umzustellen. Das tat weh, weil ich meine wahre Identität dann wieder tief in mir vergraben musste – das nagt an der Seele. Deshalb trinken viele Frauen Alkohol oder nehmen Drogen. Es hilft, das wahre Ich zu ertränken. Damit es keine Chance hat, an die Oberfläche zu kommen. Ich war stark und brauchte das nicht. Trotzdem war es wahnsinnig schwierig. Wenn ein Mensch sein wahres Ich über so lange Zeit vergraben muss, stirbt es ab und verschwindet.»

Drei Jahre hat Rosanna mit Unterbrüchen gearbeitet. Bis sie merkte, dass sie Giulia nicht wieder rausholen will. «Mir wurde klar, dass ich das Rosanna nicht länger antun kann.»

Alexander Ott: «Ich stelle in Diskussionen immer wieder fest, dass sich die Leute nicht mit dem Thema Prostitution auseinandersetzen wollen.» Die Problematik ist komplex, lässt sich nicht so schnell lösen. «Wir schauen über vieles hinweg, wollen Tatsachen nicht wahrhaben. Wer sich wirklich vertieft mit Sexarbeit auseinandersetzt, hat plötzlich nur noch wenige Gesprächspartner.»

Rosanna beendete ihre Arbeit im Rotlichtmilieu. Sie macht eine Therapie, um die Vergangenheit zu verarbeiten.

«Ich möchte ins Landesmuseum»

Ich frage Sara: «Kennst du den Zürichsee? Warst du schon einmal am Weihnachtsmarkt auf dem Sechseläutenplatz?» War sie nicht. Möchte sie aber. Wir verabreden uns ein paar Tage später unter der grossen Uhr am Hauptbahnhof Zürich. Gehen vom Bahnhof Richtung See. Ich will mit ihr auf den Turm des Grossmünsters. Im Treppenhaus freue ich mich über die Naegli-Graffiti. Sara ärgert sich, weil die unfassbar hässlich seien. Als wir oben sind, die Dächer und den See sehen, ist Sara müde von den vielen Stufen. Sie erzählt von Sofia, der Hauptstadt ihres Heimatlandes. Wir steigen die Treppe runter. Sara steht staunend vor den Polke-Fenstern im Grossmünster. Mir gefallen sie nicht. Wir gehen weiter zum Weihnachtsmarkt, schauen uns die Stände an. Die Weihnachtskugeln gefallen ihr. Mir nicht. Ich will einen Glühwein trinken, sie Baileys. Wir setzen uns an den See, reden. Sie erzählt von der Geschichte Bulgariens, von den Türken, davon, dass die Bulgaren Sklaven waren. Für mich geschichtliches Neuland. Dann reden wir über Prostitution. Also ich. Wir drehen uns im Kreis. Ich schlage vor, ein Raclette zu essen. Sara hat das noch nie probiert. Sie erzählt vom weissen Käse in Bulgarien. Er schmecke wie Feta. Das Raclette mag sie. Nach dem Essen reden wir in einem Café weiter. Sie hat sich viele Gedanken über Gleichberechtigung gemacht. Ärgert sich, wenn sie zurück nach Hause fährt und ihr Mann nicht aufgeräumt hat. Sie hat ihm deswegen auch schon ein Ultimatum gestellt. Und sie sagt: «Bei kleinen Kindern ist die Mutter stärker gefordert und übernimmt mehr Betreuungsarbeit, sobald das Kind grösser ist, muss der Vater sich auch engagieren.»

Ich begreife an diesem Nachmittag, dass Sara nur dann über ihre Arbeit in der Schweiz spricht, wenn sie will. Nicht, wenn ich will. Ich lerne das zu schätzen. Denn Sara ist eine interessante Gesprächspartnerin. Einmal werden wir einen ganzen Nachmittag auf meinem Balkon sitzen und über Ernährungsformen reden. Ein andermal über Liebeskummer, dann über Landwirtschaft, das Schulsystem, Flüchtlinge, die Istanbul-Konvention. Und überhaupt. Schon lange will Sara ins Landesmuseum. Aber entweder schaffen wir es zeitlich nicht oder es ist Montag und das Museum geschlossen. Immer sagen wir: «Nächstes Mal!» Und irgendwann zwischen diesen nächsten Malen werden wir Freundinnen. – Obwohl wir selten gleicher Meinung sind.

Der Rhythmus des Puffs

«Ich gehe zu Prostituierten, seit sich meine Frau vor viereinhalb Jahren von mir getrennt hat», sagt Martin. Martin ist 55 Jahre alt und wir begegnen uns in einem Bordell. Martin ist ein zurückhaltender Mensch, höflich und gepflegt. «Eigentlich», sagt er, «habe ich schon gegen Ende meiner Ehe damit begonnen, ins Puff zu gehen.» Seine Frau habe ihn betrogen, es nicht einmal vor ihm versteckt. Da dachte er: «Was sie tut, kann ich auch.» Also kam er hierher, zwei- bis dreimal pro Woche.

«Ich war 20 Jahre verheiratet, habe alles auf die Karte Familie gesetzt. Jetzt, wo ich alleine bin, habe ich Schwierigkeiten, mich wieder auf etwas Neues einzulassen, weil vieles sofort Erinnerungen in mir wachruft. Ich bin tief abgestürzt und kann auch heute nicht sagen, dass ich himmelschreiend glücklich bin. Aber ich bin auf einem mittleren Niveau. Und das ist mir sehr viel wert. Ich kann das Leben bewältigen.

Ich glaube, dass Prostitution eine *Win-win*-Situation ist. Menschen mit Bindungsschwierigkeiten wie ich bekommen Sex. Und diese Frauen eine Perspektive. Sie können beispielsweise eine Sprache lernen. Mir ist schon klar, dass das nicht Nymphomaninnen sind und es für sie nicht nur angenehm ist. Es ist eine Arbeit mit Vor- und Nachteilen. Aber ich glaube, es ist ihr freier Wille. Sonst würden sie gehen.

Ich suche bei den Frauen nicht nur Sex. Es geht auch um Nähe, es ist eine Freundschaft auf Zeit. Meine Frau hat mich in der Endphase unserer Ehe auch mit Sexentzug bestraft. Ich will damit nicht sagen, dass sie an allem schuld ist – es braucht immer zwei.

Hier im Puff suche ich keine Frau aus, eher lasse ich mich auswählen. Es gibt Frauen, die wunderhübsch aussehen, doch schaut sie weg, wenn ich sie ansehe, will ich sie nicht. Ich selber bin eher der Typ, den Frauen als Kollege haben wollen und nicht als Freund. Manchmal denke ich, ich müsste ein bisschen mehr vom Typ Sexobjekt haben. Aber ich weiss nicht mal mehr, wie man flirtet. Ich habe das irgendwie noch nicht wieder drauf. Gleichaltrige Frauen finde ich sehr attraktiv. Aber oft tragen sie eben auch schon ihre Verletzungen mit sich herum. Junge Frauen haben diese Verletzungen nicht. Ich bin ein bisschen hilflos. Weiss nicht, ob ich mich bei den Frauen überschätze oder eher unterschätze. Aber die Jungen würden sich ja wohl doch nur kaputtlachen, wenn ich mich ihnen nähern würde.

Ich glaube an die Liebe. Man verliebt sich auch wieder, wenn man älter ist. Es passiert einfach viel seltener als damals, als man jung war. Wenn man jung ist, steht die Fortpflanzung im Vordergrund. Man ist viel draussen in der Gruppe unterwegs und kann gar nicht anders, als sich zu paaren. In meinem Alter ist das anders. Mein Freiheitsding ist mir enorm wichtig.

Als ich jung war, wäre es mir nie in den Sinn gekommen, an einen solchen Ort zu gehen. Ich hatte das Gefühl, das gehört sich nicht. Dass es der Anfang vom Ende ist. Die heutige junge Generation geht wohl offener damit um. Wenn es keine Prostitution gäbe, hätte das aber sicher auch Vorteile. Es gibt bestimmt Ehen, die deswegen kaputtgehen», sagt Martin, der nun heimgehen muss.

Anderer Abend. Drei junge Männer, gerademal volljährig, sitzen in der Lounge. Ihnen gegenüber vier Frauen in Reizwäsche. Hinter ihnen drei Frauen in Reizwäsche, an der Bar drei Frauen in Reizwäsche. Die Jungs schauen nicht die Frauen an, sondern auf ihr Handy. Die Rumänin Daniela, die fast gar kein Deutsch spricht, sagt, was sie immer sagt: Und wie geht es dir heute? Gut, sagt einer der jungen Männer, ein anderer: muss, muss. Dann reden die drei miteinander. Die Frauen werden ungeduldig. Für sie ist diese Zeit anstrengend: sitzen, lächeln, werben. Sie mögen es, wenn das Auswählen rasch geht und sie High Heels wieder durch Finken ersetzen können. Bordellbesitzerin Anna schaut in die Lounge. Sie hat gemerkt, dass es nicht vorwärtsgeht. Sie sollen eine dieser schönen Frauen auswählen, sagt sie. Einer wählt, und zwar «die mit den vielen Tattoos». Der andere will nur etwas trinken, keinen Sex. Der Dritte kann sich nicht entscheiden. Er schaut die Frauen an, die nun alle ihn ansehen. «Komm schon. Es sind alle gut», sagt Anna. Die Frauen sollen aussuchen, schlägt er vor. Anna: «So läuft das nicht.» Er: *«Ich mache azellä Böllä schellä!»* Die Frauen verstehen nicht, was er meint. Sie lächeln trotzdem. Er machts: *«Azellä, Bölle schellä, Katz gaht uf Walliselle, piff paff puff und du bisch duss.»* Er nimmt die Frau, die *duss* ist.

Anderer Abend. Manuela ist neu im Geschäft. Die 29-Jährige kommt aus Deutschland, ist gross und kräftig und nie um einen Spruch verlegen. Manuela arbeitet seit drei Wochen als Prostituierte.

«Machen wir uns nichts vor: Ich bin hier, um Geld zu verdienen. Aber mir ist schon wichtig, dass Chefin, Gäste und Mädels nett sind. Klar verstehe ich mich nicht mit allen super. Aber im Grossen und Ganzen ist es gut. Ursprünglich habe ich eine Krankenschwester-Ausbildung gemacht und Wirtschaftswissenschaften studiert. Aber irgendwann hat es nicht mehr gepasst. Es ist vieles auf einmal zusammengekommen, wo dann schnell Geld hermusste. Dann überlegst du, wie du schnell Geld verdienen kannst. Drogen sind nicht so mein Ding. Das ist mir auch zu gefährlich. Also hab ich gesagt: Gut, das probiere ich. Das ist schnelles, unkompliziertes Geld. In

Deutschland mache ich Tantra. Kann man sich nun streiten, ob Tantra besser ist als das hier. Ich bin ja auch nackt. Für mich ist es aber etwas anderes. Meine Mutter weiss das vom Tantra. Ich rede sehr offen mit ihr darüber. Aber das hier kann ich ihr nicht antun. Das geht nicht. Dreimal habe ich in Deutschland zuvor übers Internet Escort gemacht. Habe meinen Freundinnen aber immer gesagt, wo ich bin. So nach dem Motto: Wenn du bis morgen früh nichts hörst von mir, findest du meine Leiche dort. Obwohl ich nicht der Typ bin, den man direkt k.o. schlägt. Aber du weisst nie, wer da ist. Oder ob zehn Männer auf dich warten.

Hier arbeite ich das erste Mal in einem Studio. Ich war super aufgeregt. Es ist ein Job, natürlich. Es ist wie bei jedem Job. Mal macht es mehr Spass, manchmal weniger. Aber es kann durchaus Spass machen. Vielleicht gerätst du mal an jemanden, der nicht nur an sich denkt. Natürlich muss man auch ein bisschen Freude an der Sache haben und bereit sein – wie soll ich das erklären – bereit sein, etwas von sich preiszugeben. Man muss Spass haben, einem Mann Lust zu bereiten.

In der Lounge vor allem in Gruppen haben die Männer dieses Reviermarkieren und Rudelverhalten. Wer hat den Längsten und so. Im Zimmer sind sie dann meist handzahm. Beim Sex habe ich manchmal das Gefühl, das sind Tiere – so wild. Wenn es vorbei ist, geht es wieder in Smalltalk über. Es gibt Männer, die keine Ahnung haben, wie sie eine Frau anfassen sollen. Du kannst nicht sagen: Der sieht gut aus, der kann es. Manchmal ist es die reinste Katastrophe. Ich glaube, viele Frauen würden auch privat nicht sagen, wenn der Sex nicht ist, wie sie ihn sich vorstellen. Das ist wohl ein Tabuthema.

Vor dem Sex müssen hier alle duschen. Danach stellt sich die Frage: duschen oder nicht? Denn entweder wundert sich die Frau, wenn ihr Ehemann frisch geduscht nach Hause kommt, oder sie wird misstrauisch, wenn er nach Frauenparfüm riecht. Manchmal, wenn einer nachher nicht duschen will, frage ich, weshalb. Einer antwortete mir: ‹Ach, die merkt das doch eh nicht, die interessiert das gar nicht.›

Vor fünf Jahren dachte ich, dass Sex und Liebe nicht trennbar sind. Mit der Erfahrung wird man abgeklärter. Wenn ich privat jemanden kennenlerne und merke, dass es von Anfang an nur um Sex geht, verliere ich das Interesse. Nun denke ich: Bevor ich meine Energie da reinstecke, komm ich lieber in die Schweiz und verdiene etwas damit.

Im Moment ist es schwierig, einen Mann nah an mich ranzulassen. Von meinen Werten her kann ich das, was ich hier in der Schweiz mache, nicht mit einer Partnerschaft vereinbaren. Für mich ist es Betrug. Das hat wohl vor allem mit dem Kopf zu tun. Denn nur weil jemand meinen Körper besitzt, besitzt er nicht auch mein Herz und meinen Kopf. Theoretisch kann man das schon trennen. Aber ich würde nicht wollen, dass er es weiss. Ich glaube, dass Männer nicht damit zurechtkommen. Ganz ehrlich: Kein Mann, der dich liebt, teilt dich. Auch wenn ich hier höre, dass manche Frauen Freunde haben. Ich sehe das so: Dieser Freund kassiert zu Hause das Geld ab. Das ist kein Freund. Das ist Zuhälterei. Auch wenn die Mädels das anders schildern würden. Kein Mann, der dich von Herzen liebt, würde das wollen. Mein Konflikt ist deshalb: Lügen oder keine Beziehung.»

Anderer Abend. Es klingelt. Eine Gruppe Männer kommt. «Und wie geht es dir heute?», fragt Daniela. Ein Mann antwortet: «Heute noch nicht *figgi figgi*.» Emma sagt: «Dann bist du hier am richtigen Ort.» Die Männer rücken die Sessel zusammen, bestellen Bier, unterhalten sich. Die Frauen sitzen auf der anderen Seite des Raums. Eine Rumänin nimmt einen Pappteller, auf dem Kekse sind, stöckelt in Reizwäsche zu den Männern, hält ihnen den Teller hin. Einer nimmt ein Guetzli, der andere ihre Brust, bis er ihren Nippel zwischen Zeigefinger und Daumen hat. Sie reagiert nicht. Er nimmt seine Hand wieder weg. Sie bietet einem zweiten Mann von den Keksen an. In der einen Hand das Bier, fasst der Mann mit der anderen Hand wieder an ihre Brust. «Das nicht!», sagt sie, legt den Pappteller auf den Tisch und zwickt ihn in seine Brustwarze. Er lacht.

Anderer Abend. Die Schicht der Empfangsdame Saskia ist fertig. Die Rumänin geht heute Abend an eine Party. Elena schminkt sie. Nach einer Weile kommen die beiden in die Küche und präsentieren das Resultat. Saskia dreht sich im Kreis. Elena schaut sie prüfend an, findet: «noch ein bisschen Rouge!» – «Nein!», schreit Saskia, «Rouge hat mir meine Mutter als Kind immer mit ihrem billigen Lippenstift aufgemalt. Ich hasse das.»

Anderer Abend. Roxy bietet schon länger Sex gegen Geld an. Die 30-jährige Rumänin ist Roma. Sie war es, die mir sagte, ich solle mich selber prostituieren, um es zu verstehen. Ein einziges Mal unterhielt sie sich mit mir. Wir sassen in ihrem privaten Zimmer auf dem Bett neben einem Plüschtier.

«Erinnerst du dich an deinen ersten Freier, Roxy?»

«Ja, er war ein Arschloch. Und ich habe innerhalb von sechs Monaten Deutsch gelernt, um ihm das zu sagen. Damals, als ich anfing, hatte ich Schmerzen und fühlte mich immer schmutzig. Ich dachte, alle sehen mir an, was ich mache. Heute ist es mir egal. Hauptsache, ich bin gesund und verdiene Geld. Es ist besser, als nichts zu machen. Besser, als kein Essen zu haben.»

«Was machst du mit dem Geld?»

«Ich unterstütze meine Familie. *What the fuck!* Das ist doch klar, oder? Sie waren es, die mich grossgezogen haben.

Egal, was sie tun, ich werde sie immer unterstützen. Aber sie wissen nicht, was ich tue. Es würde sie umbringen. In maximal acht Monaten höre ich auf damit. Das ist alles, was ich will. Dann habe ich mein Ziel erreicht, meine Wohnung abbezahlt. Was ich dann tun werde, kann ich nicht sagen. Jeder Tag ist ein anderer Tag. Folge den Sternen. Jede will aussteigen. Das ist normal.»

«Wirst du dann die Zeit in der Schweiz vergessen?»

«Das kannst du nicht vergessen. Schau, wenn du dir einmal das Bein brichst, vergisst du das auch nicht. Auch wenn du von aussen nichts mehr siehst. Du vergisst es nie.

Ich mache das nicht gern. Ich hasse es. Manche Männer denken, nur weil sie bezahlt haben, gehört ihnen mein Körper und sie können mit mir machen, was sie wollen. Sie sind wie Tiere. Nein, nicht wie Tiere. Tiere sind lieb, ich mag Tiere.

Wenn der Mann etwas macht, das nicht abgemacht ist oder mir weh tut, sage ich: ‹Langsamer, das tut mir weh.› Wenn er trotzdem nicht aufhört, mache ich einen schlechten Service. Wenn ich nicht nett bin, reklamieren sie bei der Chefin. Privat fragt man doch auch. Dann könnte ich sagen: Okay, ich probiere das gerne mit dir aus. Aber sie sind grob. Mittlerweile bin ich mir das gewohnt. – Obwohl, eigentlich bin ich nicht bloss Fleisch. Ich bin auch ein Mensch.»

Anderer Abend. Die Frauen im Bordell sind etwas aufgedreht. Heute ist Tamaras Geburtstag. Jeder Geburtstag wird bei Anna gefeiert. Für viele Frauen ist es das erste Mal überhaupt, sagt die Bordellbesitzerin. Es ist 23.35 Uhr. Ein Kunde will eine halbe Stunde mit Tamara. Sie geht in roter Unterwäsche ins entsprechende Zimmer.

Anna hat zwei Torten organisiert. Eine mit Smarties, die andere mit Früchten. Sie steckt die Kerzen in die Torte, nimmt aus dem Küchenschrank Servietten. Überlegt, welche passen, wählt die mit den Glückskäfern drauf. Auf eine der Servietten stellt sie das hübsche «Geburtstagsglas», gefüllt mit Litschi-Sekt. Es ist Mitternacht. Alles parat.

Um halb eins kommt Tamara. Geduscht. Die Frauen, die nicht mit einem Kunden im Zimmer sind, kommen ebenfalls in die Küche. Anna zündet die Kerzen an. Jede bekommt ein Glas Sekt. Die Frauen singen Tamara Glück zu. Sie pustet die Kerzen aus. Alle klatschen. Tamara stellt eine Platte mit Fleisch und Salat mit Kartoffeln, Ei, Schinken und viel Mayonnaise auf den Tisch – «slowakische Spezialität!» Emma, die mit einem Mann im Zimmer war, stürmt in die Küche. Sie hat sich schon die ganze Woche auf den Geburtstag gefreut, sagt: «Ich habe gehört, wie ihr gesungen habt, und habe im Zimmer mitgesungen.» Emma wird ein Glas Sekt gereicht.

Anna schenkt den Frauen immer etwas zum Geburtstag. Tamara bekommt eine Halskette und ein laminiertes Foto, das sie als Baby zeigt. Sie ist gerührt. Tamara hat das Bild Anna einmal per Whatsapp geschickt. Die Klingel ertönt. Der Bildschirm in der Küche zeigt eine Gruppe Männer vor der Eingangstür. «Es ist dein Geburtstag», sagt Anna, «du entscheidest, ob du arbeiten willst.» Tamara will. Sie nippt nochmals am Sekt und geht zusammen mit den anderen in die Lounge.

Anna bleibt allein in der Küche zurück. Früher hat sie auch angeschafft. Nicht untypisch für eine Bordellbesitzerin. 47 Jahre alt war sie, als sie und ihr Mann mit dem gemeinsamen Geschäft Konkurs gingen. Anna tat alles, um einen Job zu finden. Doch die Wirtschaft war im Tief, ihr Alter zu hoch. Sie fand nichts, war verzweifelt. Da sah sie die Anzeige eines Bordells: Verstärkung gesucht! Im Sexgewerbe gibt es immer Arbeit, dachte sie und wählte die angegebene Nummer. Die Russin am anderen Ende sagte, dass sie vorbeikommen und sich ganz normal anziehen solle. Anna ging in Pulli und Jeans. «Das war für mich normal.» Selber als Prostituierte arbeiten, das hat Anna damals nicht in Betracht gezogen. Sie dachte, sie sei zu alt. Als sie da war, klingelte es. Die Betreiberin sagte: «Du kannst ihn gleich nehmen.» Sie gab Anna Unterwäsche – normale Kleidung. Anna tat es. Sie könne sich nicht erinnern, wie dieser Mann aussah, noch, was im Zimmer geschah. Aber abends ging sie zurück zu ihrem Mann. Sagte ihm, dass sie nun wisse, wie sie die finanziellen Probleme lösen können. «Wir haben gelacht und geweint gleichzeitig.»

Eine Weile arbeitete Anna bei der Russin. «Die anderen Frauen dort waren abgeklärt.» Nach ein paar Monaten suchte sie sich ein eigenes Zimmer und arbeitete selbständig. Anna fühlte sich einsam. Sehr einsam. Zugleich sei sie überrascht gewesen, wie liebesbedürftig die Männer waren, wie sie nach Komplimenten lechzten. «Viele Männer sind ausgehungert und auf der Suche nach Liebe und Zuneigung», sagt Anna. «Liebe konnte ich ihnen nicht geben. Aber meine Zuneigung war echt.» Überrascht war Anna auch über die Dominanz und die schrägen Fantasien ihrer Kunden. Sie sei naiv gewesen, habe keine Ahnung gehabt.

Anna hat damals für jeden Mann eine Karteikarte angelegt. Sie schrieb auf, was sie trug, damit sie das nächste Mal etwas anderes anziehen konnte. Schrieb auf, was die Männer ihr erzählten, damit sie beim nächsten Besuch nachfragen konnte. Sie notierte auch die sexuellen Vorlieben. «Ich tat das auch für mich selber. Ich schrieb es nieder und liess es los.» Ein bisschen habe diese Strategie funktioniert. «Ich konnte schon damals nie gut schlafen.»

Von einem Kunden, der Psychiater war, lernte sie, dass es gut ist, eine Situation mit einer Geste oder einem Wort abzuschliessen, um sie hinter sich zu lassen. Anna nimmt einen Raschelsack in die Hand. «Hörst du dieses Knistern? Im

Abfall neben meinem Bett war immer so ein Säckli. Darin lag das gebrauchte Kondom.» Anna knöpft das Säckli zu. «Das tat ich immer am Ende: Einen Knopf ins Säckli machen und mich vom Kunden verabschieden.» Dieses Knistern rufe bei ihr noch heute jedes Mal die Erinnerungen an diese Zeit hervor.

Anna hatte auch Kunden, die dominiert werden wollten. Das war psychisch extrem herausfordernd. «Einen Mann habe ich bis heute nicht richtig verarbeitet.» Er war Skinhead und ganz jung. Vor dem Sex sprach er immer darüber, was er getan hat. «Schlimme Sachen. Er erzählte mir alles, dann wollte er von mir bestraft werden. Es war eine Art Absolution für seine Taten», sagt Anna. Sie ertrug das psychisch irgendwann nicht mehr und hat diesen Kunden nicht mehr angenommen.

Annas Mann wollte dann ein eigenes Bordell aufmachen. Anna hatte nie daran gedacht. Für sie war das Anschaffen eine Übergangslösung. Doch der Vertrag war schon unterzeichnet. Bis heute betreiben die beiden dieses Puff, obwohl sie mittlerweile getrennt sind. Zu Beginn hat Anna in ihrem eigenen Geschäft auch angeschafft. Nun kümmert sie sich um Werbung, Bestellungen und die Frauen, sie nimmt Anrufe entgegen und berät die Männer.

Zwischen sechs und zehn Frauen arbeiten gleichzeitig in ihrem Bordell. Von dem, was sie verdienen, bekommt Anna 40 Prozent. Davon bezahlt sie die Quellensteuer der Frauen, die Miete, Löhne der Empfangsdamen, ihren eigenen Lohn, Werbung, Strom und Wasser. Was die Frauen anbieten, bestimmt Anna nicht. Darf sie nicht. Standard ist mittlerweile in fast allen Puffs: Blasen ohne Gummi, Geschlechtsverkehr, 69, Küssen, Massage, Striptease, Verkleidungen, Soft-Rollenspiele, Fusserotik, Prostatamassage und Ejakulation auf den Körper.

Immer wieder hat sie Anfragen von Männern, die dafür bezahlen wollen, als Putzsklave zu arbeiten. Solche Männer vereinbaren einen Termin und wenn sie eine halbe Minute zu spät da sind, muss Anna ihnen eine Ohrfeige geben und befehlen, stumm und auf Knien ins Zimmer zu kriechen. Einen musste sie jeweils im Bad anbinden, wenn ein anderer Kunde kam. Er maulte und sagte, dass er lieber die Toilette für die Frauen sein möchte – also, dass sie auf ihn pinkeln sollen. «Das alles ist psychisch enorm anstrengend.» Denn Anna will eigentlich nur, dass er die Fenster putzt. Am Ende einer solchen Session darf sich der Mann vor einer Frau selber befriedigen. «Aber auch dann muss ich drohen: Du hast genau drei Minuten, dann musst du gekommen sein – wirklich belastend.» Domina-Spiele verändern das eigene Männerbild, sagt Anna. «Es wird schlecht und überträgt sich auf alle Männer. Viele Frauen, die als Domina arbeiten, werden extrem hart.» Darum putzt Anna mittlerweile selber.

Anna sagt: «Kein Mensch ist schlecht. In jedem findet sich Gutes und Schönes.» Anna verurteilt niemanden. Aber sie macht sich Gedanken. Zum Beispiel darüber, dass ein berühmter Mann regelmässig wollte, dass ihn eine Frau ankotzt – und das Erbrochene dann ass. «Er will sich bestrafen für seinen guten Job, seinen Erfolg. Hat wohl das Gefühl, dass ihm das nicht zusteht. Dass er es nicht wert ist.» Es gebe auch Männer, die Windeln anziehen und wie ein Kleinkind behandelt werden wollen. «Viele dieser Männer haben Missbrauch erlebt», glaubt Anna. «Vielleicht sogar von ihrer eigenen Mutter.»

Sich selbst bezeichnet Anna als Puffmutter. Wer Anna wirklich ist, wissen nicht viele Menschen. Weil die Arbeit im Puff isoliert und Anna lieber zuhört als erzählt. Anna mag die Oper, Musicals, das Theater. Ihren Hund. Die Natur. «Draussen ist es immer schön», sagt sie. «Auch bei Regen oder Nebel.» Anna hat das verinnerlicht: Das Schöne zu sehen, in der Natur und in den Menschen.

Fakten

Es gibt wenig Zahlen zur Prostitution in der Schweiz und vieles beruht auf Schätzungen.

Prostitution ist in der Schweiz seit 1942 legal, seit 1992 auch die homosexuelle.

Erlaubt ist der Verkauf von Sex ab 18 Jahren. Allerdings erst, seit die Schweiz 2014 die Lanzarote-Konvention ratifiziert hat, die Kinder vor sexueller Ausbeutung und sexuellem Missbrauch schützen soll. Zuvor konnte Sex auch von 16-Jährigen gekauft werden.

---

95 Prozent aller Menschen, die Sex verkaufen, sind weiblich. Gekauft wird Sex zu 99 Prozent von Männern.

Zwischen 5 und 14 Prozent der Männer in der Schweiz nehmen regelmässig sexuelle Dienstleistungen in Anspruch. Jeder fünfte Schweizer soll schon für Sex bezahlt haben.

Alberto Giacometti war Freier.

Prostituierte sind Migrantinnen. Nichtregierungsorganisationen sprechen von einem Anteil von 75 bis 90 Prozent. Die Stadtpolizei Bern sogar von 95 Prozent.

Mindestens die Hälfte aller Prostituierten kommt aus Osteuropa. Und zwar vor allem aus Rumänien, Bulgarien und

Ungarn. Andere bedeutende Herkunftsländer sind Deutschland, Italien, Spanien, Nigeria, Kamerun, Brasilien, Thailand und China.

Zwischen 13 000 und 25 000 Personen prostituieren sich in der Schweiz.

Wer als EU-Bürgerin in der Schweiz anschaffen will, kann das ohne Aufenthaltsbewilligung bis zu 90 Tage pro Jahr tun. Es besteht einzig eine Meldepflicht. Diese kann online erledigt werden.

Der grösste Teil der Frauen arbeitet in Clubs, Studios oder Massagesalons. Rund 10 Prozent auf dem Strassenstrich. Nur etwa zwei Prozent sind im Escort-Bereich tätig.

In Zürich gibt es Verrichtungsboxen. Ein Unikum in der Schweiz. Bei dem von der Stadt finanzierten Strichplatz fahren Männer mit dem Auto auf das Gelände in Altstetten, wählen eine Frau und fahren mit ihr in eine Box.

Hurensohn ist ein beliebtes Schimpfwort. Viele Frauen, die sich prostituieren, haben Söhne und Töchter. Diese Kinder sind oft Hintergrundbild auf den Smartphones der Frauen. Der Vater kann sowohl Ehemann, Freund, Freier wie auch Menschenhändler sein.

Prostituierte sind selbständig Erwerbende. Sie haben kein gesichertes Monatseinkommen, kein Anrecht auf bezahlte Ferien oder Entschädigung im Krankheitsfall. Der Grund: Hat ein Arbeitnehmer einen Vertrag mit fixem Monatsgehalt, ist der Arbeitgeber weisungsbefugt. Wäre ein Bordellbetreiber weisungsbefugt, könnte er bestimmen, welche

Praktiken die Prostituierte anbieten und wie viele Kunden sie pro Tag annehmen muss. Was nicht geht, weil damit das Selbstbestimmungsrecht über den eigenen Körper verletzt würde.

Im kommerziellen Sexgewerbe werden jährlich zwischen 0,5 und 3,5 Milliarden Franken umgesetzt. Einig sind sich die vorhandenen Studien nicht.

Abkürzungen in der Branche:
GFE — *Girlfriend Experience, Sex wie mit einer Freundin*
GF3 — *Girlfriendsex in alle drei Löcher*
GB — *Gesichtsbesamung oder Gang Bang*
FF — *Faustfick*
Aufn. — *Aufnahme des Spermas in den Mund*
KV — *Kaviar, Stuhl in den Mund oder auf Körper, aktiv oder passiv*
NS — *Natursekt, urinieren in den Mund oder auf den Körper, aktiv oder passiv)*
TF — *Tittenfick*

---

99 Mal taucht der Straftatbestand Menschenhandel 2019 in der Polizeistatistik auf. 108 Mal wurde wegen Förderung der Prostitution (Zuhälterei) ermittelt. 2018 gab es 4 Verurteilungen wegen Menschenhandel und 19 wegen Zuhälterei.

«Die Veränderung geschieht schleichend»

Es ist Silvester. Puffchefin Anna will nicht, dass eine ihrer Frauen um Mitternacht mit einem Mann im Zimmer ist. Der Übergang ins neue Jahr soll Raum lassen zum Träumen. Das

Bordell schliesst deshalb um 21.00 Uhr. Sara kommt mit mir zu Freunden. Wir sitzen im Garten um ein Feuer, trinken Prosecco und sprechen darüber, welche Momente schön waren im vergangenen Jahr und welche weniger. Und wir erzählen einander, was wir uns fürs neue Jahr erträumen. Sara wünscht sich einen Neubeginn. Ein neues Leben für sich, ihren Mann und ihren Sohn. Raketen steigen in den Himmel.

Nach Mitternacht verabschieden wir uns von meinen Freunden, fahren an die Langstrasse in Zürich. Menschen mit Partyhüten und falschen Schnäuzen ziehen durch die Strassen. Sara krallt sich an meinen Arm. Unser Ziel: Eine WG-Party. Die Anwesenden haben gefeiert, nun sind alle ziemlich beschwipst und in der Küche wird getanzt. Sara fühlt sich nicht wohl. Sie kann sich nicht entspannen. Ich ärgere mich. Weiss aber, dass ich sie nicht allein lassen kann. Also setzen wir uns aufs Sofa. Es ist wohl etwa halb drei Uhr, ein neues Jahr – wir nüchtern. Sie redet wieder über den Neubeginn. «Ich habe Angst davor, dass ich diesen Neustart nicht schaffe.» Ich sage, was man eben so sagt: «Sicher schaffst du das!» Sara lässt sich nicht abspeisen. Sie sagt:

«Prostitution ist wie eine Sucht. Es ist wie mit Zigaretten. Die erste, die du in deinem Leben rauchst, ist schrecklich. Doch du rauchst trotzdem noch eine und noch eine. Und dann kommst du nicht mehr davon los. Obwohl du genau weisst, dass es dir schadet. Aber du kannst nicht mehr aufhören. Es sind Klauen, die dich ergreifen und nicht mehr loslassen – ich spüre diese Klauen. Und das krallt sich immer mehr von dir, jeden Tag. Nach einer Weile wirst du krank davon. Wenn das beim ersten Mal geschähe, würdest du es merken. Aber die Veränderung geschieht schleichend. Mit der Zeit ändert sich die Art, wie du Männer siehst, deine sexuellen Grenzen verschieben sich, du tust Dinge, die du nie tun wolltest. Auch im Privaten verschieben sich Grenzen. Früher hättest du einen

Freund, der dich betrog, verlassen. Heute sagst du: Ach, was solls. Du alterst schnell und du wirst krank im Kopf, wenn du es zu lange tust. Du entfernst dich immer weiter vom Leben. Bekommst immer mehr Angst vor diesem normalen Leben da draussen. Du kennst nur noch diese Welt. Hast Angst aufzuhören. Angst, dass du es nicht schaffst.» Sie habe Angst davor, diesen Neubeginn nur schon zu versuchen, sagt Sara. «Was ist, wenn ich in einem normalen Beruf scheitere? Dann bin ich doch für gar nichts mehr gut in diesem Leben.»

Auf der Suche

Dinas Leben ist Fussball. MANCHESTER UNITED ihr Club. Sie sitzt in der Lounge, verfolgt auf dem Handy den Stand eines Fussballspiels. Wenn möglich, reist sie an jeden Match ihres Clubs. Die 33-Jährige hat mehr als einmal Pyros im Stadion gezündet und war deswegen auch schon eine Nacht in Haft. «Das war es mir wert», sagt sie und kratzt sich.

Bevor Dina in die Schweiz kam, arbeitete sie in Paris auf dem Strassenstrich. Sie kam nach Zürich, weil Frankreich 2016 das nordische Modell eingeführt hat. Sex zu kaufen, ist in Frankreich seither verboten. An ihren ersten Freier in der Schweiz erinnere sie sich genau: «Es dauerte 15 Minuten, er küsste mich überall, kam zweimal. Beim zweiten Mal auf meinem Körper. Ich war geschockt, weinte nur noch. Auf dem Pariser Strich war alles nur mit Gummi. Die Männer durften nicht küssen, nicht die Brüste anfassen – ausser sie bezahlten extra dafür. Dieses erste Erlebnis in der Schweiz war schrecklich.» Nach ein paar Wochen hat sie sich daran gewöhnt. «Jetzt ist es normal.»

Hier im Studio sei es für sie sicherer als auf dem Strich. Dina kennt Frauen, von denen nur noch der tote Körper gefunden wurde. Eine Kollegin wurde von Männern nackt im Wald zurückgelassen. «Ohne Kleider musste sie mit einem Taxi zurück in die Stadt fahren.»

Sie wolle mit diesem Job aufhören, sagt Dina. Aber es ist schwierig. «Wenn du zu jung zu viel Geld berührst, veränderst du dich.» Sie habe so viel Geld verdient, wie sie in Bulgarien niemals mit einem normalen Job hätte verdienen können. «Ich war ein verrücktes Mädchen.» Zweimal hat Dina in Bulgarien ein Studium begonnen. Einmal Physik, einmal Chemie. «Aber irgendwie hat mir Frankreich gefehlt, ich weiss auch nicht, weshalb. Ich kann es nicht erklären.» Sie überlegt sich oft, ob sie im Vergleich mit gleichaltrigen Bulgarinnen verloren oder gewonnen hat. «Ich bin gereist, habe ein anderes Leben kennengelernt. Aber jetzt bin ich müde. Mein Körper ist gestresst.» Früher konnte sie drei bis vier Monate am Stück arbeiten. «Nun kann ich maximal noch einen Monat, dann brauche ich zwei Wochen Pause. Ich habe zu trinken begonnen. Eine Flasche Wein am Tag. Damit das alles besser geht. Alkohol und Drogen helfen. Aber irgendwann wird es zu einem Lebensstil.»

Manche Männer seien nett. Dann liebt Dina ihren Job. «Viele aber denken, sie kaufen mich. Und tun mit mir, was sie wollen. Vor allem die jungen Männer. Aber die werden das schon noch lernen.» Dina kratzt sich am Bein.

Schon lange sei sie Single. Sie will niemanden belügen. «Wenn ein Mann diesen Job akzeptiert, liebt er mich nicht.»

Die Empfangsdame erinnert sie an den Termin, der ansteht. Dina checkt nochmals den Spielstand und entschuldigt sich dafür: «Fussball ist mein Leben!» Nächsten Jahr wolle sie mit diesem Job aufhören. Aber nun müsse sie ins Zimmer. Sie steht auf. «Ich will mein Leben verändern, will ein normales Leben. Wünsch mir Glück!». Im Türrahmen dreht sie sich nochmals um. «Glück. – Und Charakter!»

Ein Jahr später, Ende 2019, erzählt mir eine Frau, die ebenfalls in Annas Bordell arbeitet, dass sie Dina gesehen hat: «Sie sah aus wie ein Skelett. Ihre Wangen waren so eingefallen. Dina ist auf Heroin oder Crystal Meth, hat hier in der Schweiz einen Freund, der Drogendealer ist. Sie ist ihm verfallen. Sie prostituiert sich noch immer. Ich kenne Dina schon eine Weile. Schon ihr ganzes Leben sucht sie verzweifelt nach Liebe. Nach irgendjemandem, der sie liebt.» Nun sei es zu spät. «Ich glaube nicht, dass Dina noch lange leben wird.»

Samstagmorgen, 06:27 Uhr. Eine Whatsapp von Lars. «Aline, ich bin am Durchdrehen. Habe 10 000 Franken ausgegeben heute Nacht. Shit. Das geht so nicht weiter.»

Am Abend zuvor habe ich mich mit Lars in einem Café in St. Gallen getroffen. Ich kenne ihn über Bekannte. Männer, die noch nie für Sex bezahlt haben, kenne er nicht. «Behaupten sie etwas anderes, lügen sie», sagt Lars (30), der einen guten Job hat und verheiratet ist. An diesem Abend will er mir erklären, weshalb er Sex kauft. Das Gespräch ist anstrengend. Eine Diskussion über eine andere Sache eskaliert beinahe. Lars sagt sogar, dass er gehen will. Das Rotlicht steht zwischen uns, wenn auch bisher unausgesprochen. Er bleibt, wir essen und versuchen es. Lars sagt: «Ich habe im letzten halben Jahr bestimmt schon 15 000 Franken ausgegeben im Puff – mindestens. Auch schon Tausende von Franken in einer Nacht.»

«Wie geht das?»

Lars: «Das sind dann einige Stunden mit zwei Frauen.»

«Warum zwei Frauen?»

«Zwei Frauen sind geiler als eine.»

«Und wie läuft das ab, wenn du da reingehst?»

«Ich bin immer betrunken, wenn ich gehe.»

«Warum?»

«Weil es peinlich ist. Du gehst rein und da sind 20 Frauen und du weisst: *Fuck,* du kannst jetzt eine auswählen und mit ihr Sex haben.»

«Ist das ein gutes Gefühl?»

«Nein, da fühlst du dich nicht gut. Also einerseits schon, aber irgendwie auch nicht. Ich fühle mich nicht wie ein Macker. Ich bin ja nicht der heisse Typ und darum machen sie es mit mir. Sie tun es, weil ich sie dafür bezahle.»

«Warum bezahlst du für Sex?»

«Der Trieb. Und weil ich es kann, vielleicht. Und weil es Spass macht. Verstehst du das nicht?»

«Nicht wirklich.»

«Sorry, aber ich habe acht Stunden Sex mit zwei Frauen. Das ist toll! Das sind immer wahnsinnig intensive und schöne Stunden.»

«Wie wählst du die Frauen aus?»

«Ich nehme nicht die Schönste. Eher eine hässliche. Ich suche keinen Ersatz für meine Frau, auch keine Gefühle. Manchmal nehme ich eine Schwarze, meist sind es Rumäninnen.»

«Wohin gehst du?»

«Nicht auf den Strich. Das macht mich überhaupt nicht an. Ich gehe dort, wo es teuer ist.»

«Warum?»

«Weil dort die schönsten Frauen sind. Wenn schon, dann richtig.»

«Du hast gerade eben gesagt, dass du nicht die schönen Frauen aussuchst.»

(überlegt). «Ja stimmt. Das ist ein Widerspruch.»

«Und wie läuft das dann ab?»

«Früher ging ich selten und wenn, einfach für eine Stunde. Seit einer Weile ist es anders. Ich bleibe die ganze Nacht, zwei Frauen. Das ist schon ziemlich cool. Und wir koksen. Es ist ein Exzess. Hardcore. Ich spüre mich nicht mehr. Wir sind alle voll drauf. Das ist schon krass. Sie haben immer Drogen. Ich weiss manchmal gar nicht, was ich nehme. Meist Koks. Es tönt blöd, aber die Frauen geben sich unglaublich viel Mühe, mich zufriedenzustellen. Ich kann dir zeigen, wie so eine Nacht auf meinem Konto aussieht.»

Lars öffnet die App seiner Bank. Er sucht seinen letzten Besuch im Bordell. Stündlich ist eine Belastung von 1000 Franken zu sehen. «Ich habe schon mitten in der Nacht telefonisch die Limite erhöht. Aber ich habe diesen Frauen auch viel Geld geschenkt. Direkt auf ihr Konto habe ich es überwiesen. Einer einmal 1000 Franken.»

«Wieso das? Du bezahlst sie ja?»

«Weil es ein grosser Spass ist!»

«Und die 7000 Franken lohnen sich?»

«Es ist es nicht wert, weil es sich nicht lohnt.»

«Also wie jetzt?»

«Das ist eine blöde Frage. Wieso rauchst du Zigaretten. Bist du stolz darauf?»

«Nein. Aber wieso vergleichst du Rauchen mit bezahltem Sex?»

«Weil es wie eine Sucht ist.»

«Und weshalb schenkst du ihr Geld?»

«Das grosse Gefühl ist Mitleid. Ich versaue ihr sowieso das Leben. Ich meine, klar sagt sie, dass es super war. Aber das ist eh nicht so. – Ich weiss, wieso sie das macht.»

«Wieso?»

«Sie haben alle Kinder. Tun es, um zu überleben. – Aber ich gebe ihnen ja viel Geld.»

«Stimmt.»

«Schon hässlich irgendwie. Aber das Geld hilft ihnen.»

«Ist das Geld, dass du ihnen schenkst, eine Art Schmerzensgeld?»

«Vielleicht. Ja, für mich irgendwie schon.»

Zora ist Künstlerin und arbeitet Teilzeit in einem Büro. Eine schöne Frau mit angenehmer Stimme, 57 Jahre alt. Eine Kollegin hat mir von ihr erzählt. Es gehen einige SMS hin und her, bis wir einen Termin finden und uns auf einen Kaffee im Zürcher Seefeld treffen.

Während sich zwei Pensionierte am Tisch nebenan von ihren Operationen berichten, erzählt Zora, sie spende hin und wieder Kleider an eine Organisation, die Prostituierte unterstützt. Ihr Engagement geht nicht darüber hinaus. Der direkte Kontakt mit den Frauen würde sie schmerzen. Ich frage, weshalb. «Weil ich die Zukunft dieser Frauen kenne. Ich weiss, dass fast keine heil davonkommen wird.»

Ein Kellner stellt den Pensionierten ein Küchlein mit Kerze auf den Tisch. Während sie Geburtstag feiern, nimmt Zora mich mit an den Anfang ihres Lebens.

«Ich bin ein Waisenkind, war lange im Heim. Ich bin unbehütet und verwahrlost aufgewachsen – mit Missbrauch und all dem. Ich wurde nie beschützt. Statt behütet zu werden, wurde ich noch extra geschlagen. Ich sei selber schuld daran, dass ich so blond und herzig sei, hiess es. Bei meinen Zieheltern ging es happig zu und her. Vor allem aber waren sie nie zu Hause, um sich um mich und meinen Bruder zu kümmern. Für mich ist es kein Wunder, dass ich in der Prostitution gelandet bin.

Ich zog in eine Wohngemeinschaft am Limmatplatz in Zürich. Diese WG war für mich eine neue Welt. Ich begann eine Lehre, ging abends oft aus. Ich wollte wissen, wer ich bin. Wissen, wie mich die Leute einschätzen.

Früher war der Strassenstrich am Limmatplatz. Wenn ich abends da entlangging, hielten die Männer an und drehten die Scheiben runter. Eine Freundin, die einiges älter war als ich, sagte mir: Du musst einen Stein in der Handtasche haben und wenn einer das Fenster runterkurbelt, wirfst du den Stein in sein Auto. Ich dachte: Aha, wir haben die Macht.

Plötzlich war da eine Freundin, die in einer Peep-Show gelandet ist, Stützli-Sex hiess das. Ich dachte: Wow! Getraut hätte ich mich so was nie. Stattdessen habe ich mich aufgebretzelt, bin mit dem Taxi in ein Hotel gefahren, habe mich in die Lobby gesetzt und geschaut, was passiert. Frauen, die das ebenfalls taten, sagten mir, dass ich den Männern irgendeinen Betrag nennen kann. Die Männer kamen. Ich sagte: 1000 Franken. Sie sagten mir ihre Zimmernummer. 17 Jahre alt war ich, sass in der Lobby vom «Nova Park», vom «Baur au Lac» und vom «Hilton» am Flughafen.

Ich hatte immer Glück und nie Angst. Mal fand ich es schlimm, dann wieder nicht. Ich hatte diese Faszination, Dinge zu tun, die andere nicht machten. Es war ein Rausfinden, was ich für einen Wert habe. Ich hatte null Selbstwertgefühl. Aber ich wollte endlich auch jemand sein.

Weil ich Panik davor hatte, durchs soziale Netz zu fallen, habe ich immer auch noch anderswo gearbeitet. Nach der Lehre kellnerte ich im «Café Rindermarkt». Neben dem Café war ein Dessous-Geschäft. Es gehörte einer älteren Frau. Sie erzählte mir von den Nutten, die bei ihr Dessous kaufen. Immer wieder sagte sie: Komm doch mal vorbei, das könntest du auch. Sie wusste nicht, dass ich mich längst prostituierte. Sie kam oft zusammen mit diesen Frauen ins Café. Diese Prostituierten waren wohl so um die 30. Alle waren süchtig und voller Probleme. Instabile, kaputte Frauen. Für mich war es der Horror. Ich wusste: So will ich nicht werden. Ich schwor mir, nie eine alte Prostituierte zu werden.

Mit den anderen Frauen war es immer ein Riesenchaos. Viel Eifersucht, viel Streit. Zu dieser Zeit arbeiteten vor allem viele Marokkanerinnen und Tunesierinnen. Einige der Schweizerinnen hatten einen eigenen Salon. Ich begann dann, in einem Salon an der Langstrasse zu arbeiten. Dort kam ich richtig auf die Welt. Nun konnte ich die Männer nicht mehr selber wählen. Das Spannende war für mich damit weg.

In diesem Salon lernte ich Mireille kennen. Sie war stadtbekannt, weil sie eine Villa hatte mit Sklaven und Dominas. Sie hat mich in die Sadomaso-Welt eingeführt. Ich war begeistert. Fand das so spannend. Obwohl es immer darum ging, dass wir für den Mann in die gewünschte Rolle schlüpfen müssen. Mireille hat mich stets angefeuert. Mir gesagt, wie einfach es ist. Sie war wie eine Mutter für mich. Obwohl sie gar nicht viel älter war. Wir haben viel zusammen meditiert. Ich bin schon früh mit Spiritualität in Kontakt gekommen. Wahrscheinlich deshalb habe ich das Ganze überlebt.

Bei Mireille zu arbeiten, war eigentlich ganz gut, und mir ging es auch gut. Obwohl, wir nahmen meist Drogen. Weil, das kannst du gar nicht machen ohne Drogen. Sich zu prostituieren geht wirklich jeder Frau an die Gefühle. Wenn du einen nackten Mann vor dir hast, der geil ist und dich anhechelt – das geht nicht ohne Drogen. Ich kannte keine, die nicht mit Alkohol, Drogen oder Medikamenten voll war. Diese Tätigkeit erschüttert dich im Innersten. Ich habe Interviews gelesen von Frauen, die sagen, sie können diese Arbeit in ihr Leben integrieren. Ich selber habe niemanden kennengelernt, der das ohne Drogen konnte. – Aber vielleicht gibt es ja wirklich solche.

Klar ist das Stigma in diesem Beruf eine Hürde. Aber auch wenn Prostituierte genauso angesehen wären wie Verkäuferinnen, glaube ich, tief im Innern wäre es ein genauso grosses Problem. Geschlechtsverkehr ist nicht nichts. Das ist richtig intim. In der Prostitution wird Intimität zum Beruf.

In meinem heutigen Job gibt es auch mühsame Tage. Wenn jemand am Telefon ausfällig wird beispielsweise. Aber ich bin geschult, weiss damit umzugehen und werde dafür bezahlt. Und der am anderen Ende der Leitung darf nur bis zu einem gewissen Punkt gehen. Als Prostituierte wusste ich nie, was mit meinen Gefühlen passiert. Das ist eine andere Ebene.

Stell dir vor, ich bin einmal schwanger geworden und habe es gar nicht gemerkt. Ich benutzte immer Kondome. Wahrscheinlich ist eines geplatzt. Ich weiss es noch genau: Ich war bei Mireille am Arbeiten und ein Mann kam für Sadomaso. Ich kannte ihn nicht und musste das Opfer sein. Ich war zuvor noch nie Sklavin. Aber in der Villa gab es gerade niemanden, der diesen Mann hätte bedienen können. Also habe ich es gemacht. Es war ohne Sex. Aber er hat mir körperlich grausam wehgetan. Danach ging ich auf die Toilette und ein toter Fötus lag in der Schüssel – ich verlor ein Kind. Ich wusste zu diesem Zeitpunkt noch nicht einmal, dass ich schwanger war.

In einem solchen Moment machst du innerlich einen 180-Grad-Schwenker und fragst dich: Was mache ich da? Wie geht man mit mir um? Es geht ums Selbstwertgefühl. Wie bringst du so etwas wieder auf die Reihe mit dir selber? Sowas kannst du nicht einfach abhaken. Und ich bin sicher, das passiert oft.

Ich habe mit keiner der Frauen von damals noch Kontakt, weil die meisten gar nicht mehr leben.

«Wegen der Drogen?»

Zora: «Suizid. Die meisten haben sich das Leben genommen. So zwischen 30 und 40. Plötzlich ist da so eine Aussichtslosigkeit. Du merkst, dass du vieles im Leben nicht erreicht hast, schaffst den Ausstieg wegen der Drogen nicht und findest keinen anderen Job.

Irgendwann konnte ich nicht mehr. Konnte nicht mehr in meine Rolle schlüpfen, brachte das nicht mehr mit dem überein, wie ich leben wollte. Ich wusste, das ist nicht meins. Zugleich wusste ich nicht, was meins ist. Es brauchte Jahre, um komplett auszusteigen. Ich bin zuerst weg aus Zürich, habe in einer Bar gearbeitet. Aber dieses Leben hinterlässt Spuren. Als ich 29 Jahre alt war, starb mein Bruder an Aids. Er hat mich stets unterstützt. Mir aber auch immer wieder gesagt: Du musst da raus. Immer wieder bin ich nach Indien. Ich musste räumlich abhauen. Ich ging, kam zurück, hatte ein gutes Angebot und machte weiter. Ging dann wieder. Es war schwierig. Ich gab zwar alles von mir, aber dafür konnte ich meine Rechnungen bezahlen. Sinnvolles machst du nicht mit diesem Geld. Ich wollte immer an die Kunstgewerbeschule. Geschafft habe ich es nie, obwohl ich das Geld gehabt hätte.»

«Warum?»

Zora: «Kein Selbstwert. Null. Ich habe immer gedacht: Da komme ich Dahergelaufene. Ich kann doch nichts. Nicht einmal die Aufnahmeprüfungen habe ich versucht. Nur als Prostituierte hatte ich Selbstwert. Allerdings war ich auf Drogen. Ich habe gekifft, Kokain gesnifft und solche Pillen aus Amerika geschluckt. Damit bekommst du sofort Selbstwert. Dann machst du die Show, findest dich gut. Ich staunte über mich selber.

Aber ich wusste, ich muss mich nun entscheiden: Entweder nehme ich Drogen, mache dieses Leben, stehe dazu – und lebe nicht so lange. Oder ich höre auf und suche das Leben, das ich wirklich will. Das Zweite war stärker.

Also bin ich wieder nach Indien. Sass monatelang an einem Fluss und dachte über mein Leben nach. Drogen nahm ich nie mehr. Man sagt, Indien sei wie eine Mutter. So nahm ich das. Indien war die Mutter, die ich nie hatte. Ich bin alleine gereist, hatte keinen Plan und kämpfte um meinen Selbstwert. Ich fühlte mich wie ein Blatt im Wind, per Zufall auf dieser

Welt. Und merkte, was ich in der Schweiz mache, will ich nicht. Fragte mich: Warum mache ich es? Ich verstand, dass ich Wurzeln finden muss.

Damals war ich 31 Jahre alt. Ich habe in Indien ein kleines Business aufgebaut, von dem ich leben konnte. Ich bin tief eingetaucht in dieses Leben dort, habe Dinge erlebt, für die ich dankbar bin, hatte das Glück, Menschen zu treffen, die mir gegenüber extrem wohlwollend waren. Sie gaben mir Boden unter die Füsse. Erst mit 39 Jahren bin ich ganz in die Schweiz zurückgekehrt. Acht Jahre lang habe ich meinen Weg gesucht. Bis ich verstanden habe: Das Leben ist so kurz und so schön.»

Manchmal ist es nur kurz.

Florencia hat schwarze Haare. Tanzen ist ihre Leidenschaft. In der Annonce eines Bordells wird sie als 26-jährige «hübsche versaute Italienerin aus Argentinien» beschrieben, die fast jeden Wunsch erfüllt. In Florencias Mund oder in ihr Gesicht zu spritzen, kostet 50 Franken extra.

Unabhängig voneinander erzählen mir zwei Männer von Florencias Tod. Paul, der Freier, und Patrick, der als Vertreter im Milieu unterwegs ist. Beide sagen: Chanel wurde getötet.

Chanel war Florencias Arbeitsname. Sie starb im sanktgallischen Goldach.

Die Staatsanwaltschaft St. Gallen macht auf Anfrage folgende Angaben: *Florencia Garcia Rodriguez, geboren 1986, aus Uruguay, italienische Staatsangehörige, starb im Frühling 2017. Sie starb bei einem Freund zu Hause, bei dem sie wohnte, weil sie bei einem anderen Mann ausgezogen ist. Der Obduktionsbericht ergab als Todesursache einen Mix aus Kokain, Alkohol und ärztlich verordneten Medikamenten. Es wurden Umfeldabklärungen gemacht. Aber weder diese noch der Obduktionsbericht gaben Hinweise auf ein Tötungsdelikt. Das Verfahren wurde eingestellt.*

Freier Paul erzählt, dass Florencia eine Weile bei ihm wohnte, weil sie von einem anderen Mann versetzt wurde. «Sie hatte immer Pech mit Männern.» Er habe sie daher bei sich aufgenommen. Florencia bezahlte mit Sex. Sie koksten zusammen. Nach ein paar Tagen brachte er sie in ein Bordell. Sie wechselte kurz darauf in ein anderes Etablissement im Kanton Zürich. Ab da hatte Paul nur noch sporadisch Kontakt mit ihr.

Den Vertreter Patrick verband eine lose Freundschaft mit Florencia. Hin und wieder schrieben sie sich Whatsapp-Nachrichten. Einmal bat sie ihn, ihr eine bestimmte Handtasche zu besorgen, als er mit seiner Familie in Italien in den Ferien war. Einmal schrieb Florencia, dass sie von Männern mitgenommen und vergewaltigt worden war. Sie soll es der Polizei melden, riet ihr Patrick. An einem Tag im Frühling 2017 schrieb sie wieder. «*Help me!*» Patrick tippte zurück: «Wenn du Stress hast mit jemandem, geh zur Polizei!»

Später erfährt er: Florencia ist tot.

Die Nachricht, in der *Help me!* stand, hat sie wohl an ihrem Todestag oder am Tag zuvor geschrieben.

Mir sagt Patrick: «Was hätte ich tun können? Ich kann doch nicht alles stehen und liegen lassen und nach St. Gallen fahren.»

Der Psychiater

Am Tag, als ich den Berner Psychiater Jan Gysi zum Gespräch treffe, ist auf dem Flipchart in seiner Praxis eine wilde Zeichnung. Die Frau, die vor mir hier sass, hat sie gemacht. Jahrelang arbeitete sie als Prostituierte. Auf dem Blatt sind viele Kreise. Jeder steht für eine ihrer Persönlichkeiten. Rund um all diese Kreise hat sie einen weiteren gezogen. Dieser grosse Kreis ist, was sie der Aussenwelt von sich gezeigt hat: eine heile Welt.

Was die Frau gezeichnet hat, nennt sich Dissoziation. Ein psychischer Prozess, der einsetzt, wenn eine Person in äusserster Not ist. Das Schmerzempfinden kann damit abgeschaltet werden. Vor allem aber wird das, was gerade passiert, vom eigenen Empfinden abgespaltet. Dissoziation ist eine Überlebensstrategie, um die Psyche zu schützen.

Erlebt ein Mensch immer wieder traumatische Situationen, können dadurch unterschiedliche Persönlichkeiten entstehen. Diese verschiedenen Persönlichkeiten – oder Anteile, wie es in der Fachwelt genannt wird – haben unterschiedliche Aufgaben. Bei der Frau auf dem Flipchart stellte ein Anteil den Kontakt mit dem Freier her, einer machte Escort, einer war für schmerzhafte Praktiken zuständig.

Gysi erklärt: «Da wird je nach Bedarf eine Persönlichkeit hervorgeholt, die andere ausgeklinkt und wieder eine andere hervorgespickt.»

Das Problem ist, dass der Wechsel dieser Persönlichkeiten sogar für ihn manchmal schwierig zu erkennen sei. Und Gysi ist Spezialist für Traumatherapie.

«Ich habe eine Frau behandelt, die einen Teil ihrer Persönlichkeit Abfall nannte. Dieser Teil wusste, was für Perversionen all die Männer mit ihr gemacht haben. Ihre Angst war, dass der Abfall explodiert.»

Traumas drücken. Die ganze Zeit. Das zeige sich durch Albträume, Schlafstörungen und durch Bilder, die ständig wiederkommen. «Es gibt Frauen, die sagen, dass sie den Geschmack von Sperma im Mund haben, das Gefühl eines Penis in sich, Hände auf ihrer Haut spüren. Obwohl sie wissen, dass da weder Sperma, Penis noch Hand ist.» Wer schwer traumatisiert ist, kann kaum noch schlafen. Denn mit der

Entspannung drängt das Trauma an die Oberfläche. «Traumatisierte tun alles, um diese Empfindungen wegzudrücken. Die Strategien dafür reichen dabei von unendlich langem Zähneputzen bis zum Konsum von Heroin. Es gibt solche, die sich einen Horrorfilm nach dem anderen anschauen, um zu sehen, dass andere noch Schlimmeres erleben. Bei all dem geht es darum, nichts mehr zu spüren.»

Armut allein ist für den Psychiater noch kein Grund, sich zu prostituieren. Es gibt viele Frauen, die aus tiefster Armut kommen und nie in die Prostitution gehen. Deshalb stelle sich für ihn die Frage, ob da anderes dahintersteckt: Waren die Eltern Alkoholiker, haben die Frauen als Jugendliche Gewalt oder Missbrauch erlebt? Auch als Kind nie geliebt worden zu sein, ist eine Form von Gewalt.

Gysi sagt: «Wir holen als Gesellschaft osteuropäische Frauen und nutzen sie für die Befriedigung von Schweizer Männern. Wenn sie zu krank sind, um weiterzuarbeiten, können sie in ihre Heimat zurück.» Die Wahrscheinlichkeit ist gross, dass sie dann mehrere psychische Störungen haben. Darunter Sucht, Essstörungen, Depressionen, Zwangsstörungen, Insuffizienz (Gefühl, nichts wert zu sein, nichts leisten zu können), wahrscheinlich erhebliche posttraumatische Symptome, chronische Schlafstörungen, chronisches Hyperarousal (erhöhte Alarmbereitschaft), Probleme der Affektregulation (extreme Reizbarkeit), Schuldgefühle, Scham und Nähe-Distanz-Probleme.

Wenn wir wissen wollen, was Prostitution mit Menschen macht, braucht es Langzeitverlauf-Untersuchungen, sagt der Psychiater. Wir müssen herausfinden, wie es den Frauen ein Jahr, fünf Jahre, zehn Jahre später geht. Wie ist die Mortalität, die Suchtrate, in welchen Beziehungen leben sie?

Ihre psychische Gesundheit könnte so auch mit Menschen in anderen Berufen verglichen werden. Oft wird gesagt, dass

MIGROS-Verkäuferinnen ebenfalls für Geld und nicht aus Freude arbeiten. «Vergleichen wir doch in einer Studie den Gesundheitszustand von Prostituierten und MIGROS-Verkäuferinnen», schlägt Gysi vor. «Ich glaube, wir würden rasch feststellen, dass sich das nicht vergleichen lässt. Doch gewisse Wahrheiten seien zu schmerzhaft, um sie aufzudecken. Es würde bedeuten, dass wir als Gesellschaft etwas ändern müssten.» Gysi erinnert an den Klimawandel.

Ein Forscherteam der Universität Zürich um Professor Wulff Rössler untersuchte 2009, wie es um die psychische Gesundheit von Prostituierten steht. 193 Prostituierte in Zürich wurden dafür befragt. Darunter Frauen, die in Bordellen, auf dem Strich oder als Escort arbeiten. Die Studie zeigt: Die Hälfte der Prostituierten litt in den letzten zwölf Monaten unter einer oder mehreren psychischen Störungen. Darunter verschiedene Formen von Depressionen (30 Prozent), Angststörungen (34 Prozent) und Posttraumatische Belastungsstörungen (13 Prozent). Bei einer vergleichbaren Studie der Gesamtbevölkerung wiesen 12 Prozent der Schweizer Frauen eine oder mehrere psychische Störungen auf. Der Anteil psychischer Erkrankungen ist also bei Frauen, die sich prostituieren, mehr als viermal so hoch wie bei der durchschnittlichen weiblichen Bevölkerung der Schweiz.

Eine Folgestudie, ebenfalls von der Uni Zürich, untersuchte 2019, welchen Zugang Prostituierte zur Behandlung psychischer Störungen haben. Befragt wurden 60 Frauen. Das Ergebnis: Obwohl 75 Prozent mindestens eine psychische Erkrankung aufwiesen, nimmt kaum eine Frau Hilfe in Anspruch.

In der Studie von Wulf Rössler steht ausserdem, dass die befragten Zürcher Prostituierten in einem überdurchschnittlich hohen Ausmass physische und sexuelle Gewalt erleben. Und zwar sowohl im Rahmen ihrer Tätigkeit wie auch ausserhalb des Milieus. Jede fünfte Frau wurde bei ihrer Arbeit schon vergewaltigt, jede dritte hat Gewalt erlebt.

Rösslers Fazit zu seiner Studie: «Weltweit ist Sexarbeit ein grosses Problem der öffentlichen Gesundheit. Es hat viele Gesichter, aber die psychische Gesundheit von Sexarbeiterinnen hängt in erster Linie mit verschiedenen Formen von Gewalt zusammen, die diese Frauen erlebt haben.»

Auszug aus einer Anklageschrift der Staatsanwaltschaft Baden vom Juni 2017:

Eine Frau mietet tageweise eine Wohnung in Baden und schaltet Inserate für sexuelle Dienstleistungen. Im September nachmittags um halb vier empfängt sie einen Kunden, mit dem sie zuvor via SMS einen Termin ausgemacht hat. Der damals 28-jährige Schweizer geht duschen, kommt zurück in den Wohnbereich, sagt: «Mach.» Sie fragt ihn, ob er eine halbe Stunde oder eine Stunde will. Er geht ins Badezimmer, holt ein Elektroschockgerät, das er mitgebracht hat. Er drückt es ihr auf die Brust. Die Frau wehrt sich mit aller Kraft, er schlägt sie mit der Faust ins Gesicht, sie kann ihm das Gerät abnehmen und rennt damit aus der Wohnung, klopft überall bei den Nachbarn. Einer öffnet, sie schildert die Situation. Der Nachbar schliesst die Tür wieder, alarmiert aber die Polizei. Die Frau geht zurück in ihre Wohnung. Der 28-Jährige ist noch dort. Er schlägt sie wieder, packt sie um den Hals mit Arm und Ellbogen, würgt sie. Während 10 bis 20 Sekunden drückt er ihr die Luft ab. Die Frau verliert das Bewusstsein. Der Mann verlässt die Wohnung mit dem Elektroschockgerät und lässt die bewusstlose Frau zurück. In den Einvernahmen wird er sagen: Er wollte eine Frau «schocken» und dann «vögeln». Wobei er sich Erregung durch die ihr zugefügten Schmerzen erhoffte.

Lugano, April 2000: Ein 29-jähriger Mann schneidet einer 35-jährigen brasilianischen Frau im Stundenhotel «Gabbiano» die Kehle durch.

Wohlen, Oktober 2000: In einer Wohnung im Personalhaus eines Nachtclubs tötet ein Mann drei Frauen aus der Dominikanischen Republik.

Yverdon, Mai 2001: In einem Bordell erwürgt ein 19-jähriger Mann eine 45-jährige dominikanische Frau. Ihre Hände sind gefesselt, an ihrem Körper finden sich Stichverletzungen.

Egliswil, August 2002: 31 Mal sticht der 38-Jährige mit dem Fleischmesser zu. Dann rammt er der verblutenden Frau das Messer in den Schambereich und geht nach Hause, um zu schlafen.

Sihlbrugg, Juli 2003: Ein Landwirt holt eine 39-jährige Schweizerin auf dem Strich am Sihlquai. Nach dem Sex tötet er die Frau in einem Heuschober bei Sihlbrugg. Nach zwei Tagen holt er die Leiche, bringt sie in einen nahen Wald, entkleidet sie und legt sie in eine Grube.

Genf, Januar 2004: Ein 49-jähriger Mann spricht eine transsexuelle Prostituierte auf der Strasse an. Er geht mir ins Zimmer und sticht mit einer Ahle 110 Mal auf sie ein.

Zürich, Juni 2004: Eine 36-jährige Frau steigt beim Drogenstrich am Sihlquai ins Auto eines Freiers. Seither ist sie verschwunden.

Lausanne, Oktober 2005: Ein 48-jähriger Mann holt eine 40-jährige Frau vom Strassenstrich, nach bezahltem Sex im

Auto erwürgt er sie und bringt die nackte Leiche in einen Wald.

Allschwil, September 2006: Die nackte Leiche einer 31-jährigen Frau brasilianischer Herkunft wird im Graben neben einem Waldweg gefunden. An ihrem Hals finden sich Spuren von Gewalteinwirkung. Der Täter ist unbekannt.

Zürich, Juli 2007: Eine 20-jährige deutsche Frau steigt am Strassenstrich Sihlquai in die Limousine eines Freiers. Seither ist sie verschwunden.

Aarau, Februar 2008: Ein 17-Jähriger vergewaltigt und erwürgt eine 40-jährige deutsche Frau im Bordell «Métro».

Basel, Mai 2008: Ein 31-jähriger Mann ersticht im Studio «Barbie» eine 31-jährige französische Frau und schafft die Leiche in den Keller.

Märstetten, August 2008: Ein 41-jähriger Mann bestellt eine 30-jährige thailändische Frau zu sich nach Hause. Er tötet sie, packt sie in einen Koffer, fährt sie mit einem Töffli in den Wald und wirft sie einen Abhang hinunter.

Basel, Juli 2009: Im Zimmer einer Kontaktbar wird die Leiche einer 45-jährigen brasilianischen Frau gefunden. Sie wurde erschlagen.

Biel, Oktober 2010: Ein 31-jähriger Mann schneidet einer 45-jährigen brasilianischen Frau im Bordell die Kehle durch.

Langenthal, März 2012: Ein 26-jähriger Mann bestellt eine 44-jährige österreichische Frau zu einer Tankstelle. Er steigt zu ihr ins Auto, dirigiert sie zu einer Schulanlage. Von da gehen sie zu Fuss weiter. Er schlägt, würgt und tritt sie ins Gesicht, schleift sie in einen Lichtschacht, versucht, sie zu vergewaltigen, stopft ihr einen Stein in den Mund. Eine Bürste und eine Tube Gleitgel in andere Körperöffnungen. Den Leichnam lässt er liegen.

Payerne, Juni 2012: Ein 35-jähriger Mann geht zu einer 34-jährigen rumänischen Frau in einen Massagesalon. Er kennt sie schon länger. Weil die Frau nicht mit ihm reden will, schlägt er sie ins Gesicht, zwingt sie mitzukommen, indem er sie an den Haaren reisst und eine geladene Waffe auf sie richtet. Auf der Strasse schiesst er ihr zweimal in die Stirn.

Dietlikon, April 2014: Ein 53-jähriger Mann ersticht in seiner Wohnung eine 40-jährige philippinische Frau mit 25 Messerstichen. Er hatte die Frau als Freier kennengelernt und für eine Weile eine Beziehung mit ihr geführt, die zu diesem Zeitpunkt beendet war.

Luzern, September 2014: Eine 36-jährige bulgarische Frau liegt tot bei Stansstad im Vierwaldstättersee. Sie hat am Strassenstrich in Luzern gearbeitet. Der Täter ist unbekannt.

Zürich, September 2014: Ein 47-jähriger Mann verabreicht einer 25-jährigen polnischen Frau in einem Zimmer des Grandhotel «Dolder» ein Betäubungsmittel. Er würgt und schlägt die Frau, bis sie erstickt. Am nächsten Morgen packt er sie in einen Rollkoffer, verlässt das Hotel und legt die Leiche in einen Weinschrank bei sich zu Hause.

Basel, Mai 2015: Ein 44-jähriger Mann bestellt sich eine 43-jährige, aus Kamerun stammende Frau zu sich nach Hause. Nach dem Sex tötet er sie mit 37 Messerstichen.

Sullens, Dezember 2016: Eine 18-jährige rumänische Frau wird derart heftig ins Gesicht geschlagen, dass ihre Gesichtszüge nicht mehr erkennbar sind. Sie weist ausserdem 26 Messerstiche auf. Die Leiche wird nackt im grenznahen französischen Le Frasnois gefunden.

Freiburg, Januar 2017: Ein 27-jähriger Mann sticht in einem Bordell einer 49-jährigen Frau, die aus der Dominikanischen Republik stammt, mit einem Messer mehrmals in die Brust. Die Leiche nimmt er zu sich nach Hause.

Genf, September 2019: Die Leiche einer Frau wird in einem Koffer aus der Schweiz nach Frankreich gebracht. Ein 18-jähriger und ein 39-jähriger Mann werden verhaftet.

Prostituiertenmorde nennen die Medien diese Tötungsdelikte. Das Wort Bäckerinnenmord gibt es nicht.

«I just arrived in Zurich»

09:10 Uhr. Whatsapp von Sara: «Hi», «ich bin gerade in Zürich angekommen», «ich denke ich arbeite heute nicht», «hast du Zeit für einen Kaffee?»

Ich antworte: «Jetzt?» Sara tippt zurück: «jetzt», «ich warte unter der grossen Uhr.»

Wir holen uns einen Kaffee, setzen uns in die Bahnhofshalle. Wir haben noch keinen Schluck vom Kaffee getrunken, als sie mich fragt: «Kommst du mit mir nach Hause, nach Bulgarien?»

«Gern», sage ich.

Bevor sie ins Bordell fährt, frage ich Sara, ob sie mir am Tag vor der Heimreise erzählen kann, was das Schönste und das Schlimmste an diesem Aufenthalt in der Schweiz gewesen ist. Sie sagt: «Das kann ich dir auch gleich jetzt sagen. Das Schönste ist, dass ich dich wiedersah. Das Schlimmste meine Arbeit.»

Vor der Rolltreppe umarmen wir uns. Dann wird Sara vom Bahnhof verschluckt.

In den nächsten Tagen schickt sie mir Links von bulgarischen Sehenswürdigkeiten, [illegible]. Dann passiert, was immer geschieht, wenn [illegible]. Anfangs schreibt sie oft. Nach drei Tagen verstummt sie.

Kontrolle

Eine Kleinstadt im Kanton Bern. Am Eingang des Hauses ein Schild: «Bitte benehmen Sie sich gegenüber Damen und Haus anständig. Sie ersparen sich und uns Arbeit.» Hinter der Eingangstür ein schmales Treppenhaus. Auf jedem Stockwerk Fotos von gespreizten Beinen auf geschlossenen Türen. Die Frauen dahinter nach Herkunft auf die einzelnen Wohnungen verteilt: Osteuropäerinnen, Thailänderinnen, Südamerikanerinnen und Frauen aus Afrika.

Sandra war bei den *black girls*, wie sie sagt. Die 34-Jährige stammt aus Kamerun, hat aber die französische Staatsbürgerschaft, weil sie in Französisch-Guayana geboren wurde. Einen Monat und vier Tage arbeitete sie im Gebäude mit dem schmalen Treppenhaus. Nie zuvor habe sie Sex gegen Geld getauscht. Will es auch nie wieder tun. Eine Bekannte in Paris versprach ihr Arbeit. Als Sandra in der Schweiz war und begriff, um

Sullens, Dezember 2016: Eine 18-jährige rumänische Frau wird derart heftig ins Gesicht geschlagen, dass ihre Gesichtszüge nicht mehr erkennbar sind. Sie weist ausserdem 26 Messerstiche auf. Die Leiche wird nackt im grenznahen französischen Le Frasnois gefunden.

Freiburg, Januar 2017: Ein 27-jähriger Mann sticht in einem Bordell einer 45-jährigen Frau, die aus der Dominikanischen Republik stammt, mit einem Messer mehrmals in die Brust. Die Leiche nimmt er zu sich nach Hause.

Genf, September 2018: Die Leiche einer Frau wird in einem Koffer aus der Schweiz nach Frankreich geschafft. Ein 18-jähriger und ein 39-jähriger Mann werden verhaftet.

Prostituiertenmorde nennen die Medien diese Tötungsdelikte. Das Wort Bäckerinnenmord gibt es nicht.

«I just arrived in Zurich»

09:10 Uhr, WhatsApp von Sara: «Hi», «ich bin gerade in Zürich angekommen», «ich denke ich arbeite heute nicht», «hast du Zeit für einen Kaffee?»

Ich antworte: «Jetzt?» Sara tippt zurück: «Jetzt», «ich warte unter der grossen Uhr».

Wir holen uns einen Kaffee, setzen uns in die Bahnhofshalle. Wir haben noch keinen Schluck vom Kaffee getrunken, als sie mich fragt: «Kommst du mit mir nach Hause, nach Bulgarien?»

«Gerne», sage ich.

Bevor sie ins Bordell fährt, frage ich Sara, ob sie mir am Tag ihrer Heimreise erzählen kann, was das Schönste und das Schlimmste an diesem Aufenthalt in der Schweiz gewesen ist. Sie sagt: «Das kann ich dir auch gleich jetzt sagen. Das Schönste ist, dass ich dich wieder sah. Das Schlimmste meine Arbeit.»

Vor der Rolltreppe umarmen wir uns. Dann wird Sara vom Bahnhof verschluckt.

In den nächsten Tagen schickt sie mir Links von bulgarischen Sehenswürdigkeiten, schmiedet Pläne. Dann passiert, was immer geschieht, wenn Sara hier ist: Anfangs schreibt sie oft. Nach drei Tagen verstummt sie.

Kontrolle

Eine Kleinstadt im Kanton Bern. Am Eingang des Hauses ein Schild: «Bitte benehmen Sie sich gegenüber Damen und Haus anständig. Sie ersparen sich und uns Arbeit.» Hinter der Eingangstür ein schmales Treppenhaus, auf jedem Stockwerk Fotos von gespreizten Beinen auf geschlossenen Türen. Die Frauen dahinter nach Herkunft auf die einzelnen Wohnungen verteilt: Osteuropäerinnen, Thailänderinnen, Südamerikanerinnen und Frauen aus Afrika.

Sandra war bei den *black girls,* wie sie sagt. Die 34-Jährige stammt aus Kamerun, hat aber die französische Staatsbürgerschaft, weil sie in Französisch-Guayana geboren wurde. Einen Monat und vier Tage arbeitete sie im Gebäude mit dem schmalen Treppenhaus. Nie zuvor habe sie Sex gegen Geld getauscht. Will es auch nie wieder tun. Eine Bekannte in Paris versprach ihr Arbeit. Als Sandra in der Schweiz war und begriff, um welche Arbeit es sich handelt, bekam sie Angst. Sie hatte keine Wahl. «Ich hatte nicht einmal genug Geld, um dahin zurückzukehren, von wo ich gekommen bin.»

Am Tag, als sie im Städtchen ankam, fand die Registrierung bei Polizei und Gemeinde statt. «Die stellten viele Fragen: Haben Sie das zuvor getan, wie viel verdienen Sie? – Was sollte ich sagen? Dass ich das nicht tun will? Das ist denen doch egal. Ich bin kein Kind.» Als sie die Bewilligung hatte, konnte sie «alle Arbeit im Scheiss-Puff machen». Die Regeln: sexy anziehen und jeden Sonntagmorgen 400 Franken Miete bezahlen. Sandra erzählt auf Englisch. Nur für vier Begriffe nutzt sie Schweizerdeutsch: Scheiss-Puff, Gemeinde, Arsch, ohne Gummi.

Es sei hart gewesen. «Die Männer sagten: Du bist schön! Im Zimmer sagten sie: ohne Gummi!» Am Montag, Dienstag und Mittwoch wies Sandra die Männer ab. Am Donnerstag begann sie zu trinken. Gegen die Scham und für den Mut. Vor allem aber aus Angst, am Sonntagmorgen das Geld für die Miete nicht beisammenzuhaben. – «Wo sollte ich schlafen, wenn sie mich rausschmeissen? Was, wenn mir die Besitzerin den Pass wegnimmt?»

Schlief sie in einem der Zimmer, klopfte häufig eine andere Frau an die Tür und verlangte das Bett, weil ein Kunde da war. Sandra schlief kaum, weinte dafür oft. Manchmal sogar im Zimmer mit einem Mann. Manche fragten sie, was los sei. «Ich konnte es nicht sagen.»

Eine Dominikanerin, die ebenfalls in dem Haus arbeitete, riet Sandra, Fotos zu machen und ins Internet zu stellen. «Du hast grosse Brüste, einen grossen Arsch. Die Männer kommen und machen Sex in deinen Arsch», sagte sie. Sandra antwortete der Dominikanerin: «Du kannst mit 10 000 Männern in deinem Arsch schlafen. Aber am Ende des Tages wirst du dieses Geld nicht essen können. Irgendwann musst du

Pampers tragen, wirst stinken und keiner wird mehr mit dir schlafen wollen.»

Little white girls nennt Sandra die Osteuropäerinnen, die ebenfalls in einer Wohnung des Hauses anschafften. «Keine 20 Jahre alt waren sie und fast alle aus Rumänien. Sie bekamen 50 Prozent von dem, was die Kunden zahlten.» Ende Woche hätten auch die Osteuropäerinnen 400 Franken Miete bezahlen müssen. «Die Mädchen waren nervös, weinten oft. Denn manchmal nahm die Besitzerin alles Geld und gab es ihrem Freund. Die Mädchen mussten aber trotzdem 400 Franken Miete zahlen, obwohl sie kaum Geld hatten, um zu essen. Ich konnte ihr Weinen nicht mehr hören. Ging darum jeweils in eines der Zimmer, schloss die Türe hinter mir und flehte um einen normalen Job.»

Manche Rumäninnen hätten nicht einmal Dokumente gehabt. Die Frauen, die sie in die Schweiz brächten, sagten ihnen: Gib mir dein Geld, so kannst du es behalten, falls die Polizei eine Kontrolle macht. «Aber als die Mädchen ihr Geld später wollten, drohten die Frauen, die Polizei anzurufen und den Polizisten zu sagen, dass sie keine Papiere haben. Sie beuten diese Mädchen aus.» Sandra hat Frauen gesehen, die mit Männern schliefen, die älter waren als ihre Väter. «Ich habe eine Tochter. Sie ist etwa im Alter dieser rumänischen Mädchen. Was, wenn meine Tochter einmal an dieser Stelle ist?»

Mit Unterstützung von Frauen, die ehrenamtlich Prostituierte besuchen, konnte Sandra das Haus verlassen. Heute ist Sandra Putzfrau. «Nichts in diesem Leben kontrolliert mich.» Sie kontrolliere nun alles selber, habe sogar aufgehört, zu rauchen. «Ich bin nicht auf dieser Welt, um Prostituierte zu sein.»

«Lass mich dir etwas sagen: Es gibt so viele Mädchen, die von anderen Menschen da hineingepusht werden. Sex hast du doch mit jemandem, den du liebst oder für den du wenigstens Gefühle hast. Wenn du mit einem Unbekannten schläfst, weil du am Sonntag 400 Franken Miete bezahlen, deinem Kind Geld schicken und Essen kaufen musst, ist es die Hölle.

Ich frage mich, warum die Schweizer Regierung so etwas erlaubt. Das zerstört so viele Frauen und Mädchen. Ich sah Mädchen, die waren noch nicht einmal 18 Jahre alt. Sie wurden von anderen Frauen gebracht. Diese Frauen erzählten ihnen: ‹Wenn ihr nicht bezahlt, werden wir euch töten. Euren Körper auf die Strasse werfen und den Kopf anderswo hin.› Sie gaben ihnen Drogen, damit sie Mut haben, Dinge zu tun, die sie nüchtern nicht schaffen würden. Mit mehr als zehn Männern am Tag schlafen beispielsweise. Ich habe auch getrunken. Mama mia, ich wollte high werden, damit ich das Geld verdienen kann.

Prostitution ist keine Arbeit. Ich will, dass die Leute das verstehen. So viele Mädchen tun es nicht aus freiem Willen. Sie tun es, weil sie dazu gezwungen werden. Von Menschen, die in diese armen europäischen Länder gehen, dort naive junge Mädchen suchen und sie in die Schweiz bringen. Wenn du in ein Puff gehst, dann siehst du sie, die Rumäninnen, Bulgarinnen und Ungarinnen. Alle weissen jungen Prostituierten kommen doch aus diesen Ländern.

Die Menschen, die sie herbringen, nutzen ihre Armut aus. Weil hundert Franken in der Heimat dieser Mädchen viel Geld ist. Diese Länder sind korrupt und die grossen Chefs und Menschenhändler kennen alle wichtigen Leute dort. Die jungen Frauen aber kommen nie mehr aus der Prostitution raus.

Ich könnte heute nach Afrika gehen und fünf Mädchen holen. Ich erzähle ihnen, ich habe ein Restaurant. Am Ende des Tages gibt es kein Restaurant. Nur ein Puff. Und schon sind sie in der Prostitution.

Sind die Frauen erstmals drin, werden sie süchtig danach. Wenn nicht nach Geld, dann nach Sex. Beides kannten sie nicht zuvor, aber es verändert sie. Es verwirrt ihren Kopf. Eines ist sicher: Viele dieser Mädchen wissen nicht, was sie tun. Du kannst mir nicht sagen, dass ein Mädchen im Alter von 18 Jahren abschätzen kann, was es da tut.

Aber diese Frauen haben Angst, die Wahrheit zu sagen, weil ihr Leben in Gefahr ist. Ich sah im Studio nebenan ein rumänisches Mädchen, das weinte und weinte und weinte. Sie nahm ein Messer und schnitt sich. Sogar ich bekam Angst. Die Leben dieser jungen Frauen sind in Gefahr. Bitte, ich will, dass ihr wisst: Es gibt Frauen, die hier arbeiten und von Menschen ausgebeutet werden, die mächtiger sind als sie selber. Menschen, die sie einschüchtern können oder sogar töten. Alles wegen des Geldes. Wenn die Regierung das stoppen könnte, wäre es das Beste. Weil es Menschenleben zerstört, wenn die Schweiz Prostitution akzeptiert. Und so wie ich es mitbekommen habe, ist das in der Schweiz vollkommen akzeptiert. Wenn die Regierung es nicht stoppen kann, könnte sie wenigstens das Alter anheben, ab dem man im Puff arbeiten darf. Die Frauen müssten mindestens 30 Jahre alt sein. Das würde diese jungen Mädchen schützen.»

Die Ärztin

Das «Ambulatorium Kanonengasse» in Zürich berät und behandelt Menschen, die ansonsten keinen Zugang zu medizinischer Hilfe haben. Die gynäkologische Sprechstunde des Ambulatoriums nutzen vor allem Prostituierte. Im Wartebereich der Praxis hängt eine Weltkarte. Darauf mit Stecknadeln markiert, woher die Frauen kommen. In über 70 Ländern steckt eine Nadel. In dieser Praxis ist interkulturelle Kompetenz gefragt. Das Team hier weiss, dass bei manchen Kulturen die erste Schwangerschaft häufig nicht abgetrieben wird – egal, von wem das Kind ist. Und auch, dass Frauen aus gewissen Ländern extrem auf ihre Mutterrolle programmiert sind. Darum verzichten sie auf hormonelle Verhütung, auch wenn sie wegen der Vorurteile gegen Pille und andere Verhütungsmittel wiederholt ungewollt schwanger werden. Denn das Wissen, dass sie Mutter werden könnten – und genau das zeigt ihnen jede Schwangerschaft – werten sie höher als die Unannehmlichkeiten und die Gefahren für sich selber bei einer Abtreibung.

Gegen 1000 Patientinnen werden jährlich untersucht. Manche kommen erst, wenn die Beschwerden sehr stark sind. Andere legen grossen Wert auf ihre Gesundheit und suchen das Ambulatorium für vorsorgliche Untersuchungen auf. Manche kommen nicht von sich aus, sondern auf Empfehlung und in Begleitung von Partnerorganisationen der gynäkologischen Sprechstunde.

Teamleiterin Milena Stoffel sagt: «Die Frauen kommen hauptsächlich wegen diffusen Schmerzen, Infektionen, unerwünschter Schwangerschaft, Schmerzen im Unterleib oder für medizinische Hilfe bei sexuell übertragbaren Krankheiten. Kommt hinzu: Ein Körper reagiert auf die Lebensumstände. Wenn wir wegen einer Uniprüfung unter Stress stehen, bekommen wir schnell Fieberbläschen oder eine Erkältung. Viele dieser Frauen haben ein Leben, in dem kaum etwas geregelt ist. Sie müssen sich auf jeden neuen Kunden einstellen. Lernen zu erkennen, ob der Mann gefährlich ist oder ob es sich um eine normale Situation handelt. Es gibt im Leben dieser Frauen ständig so viele neue Stresssituationen, logisch, dass sich dies auf ihre allgemeine Gesundheit auswirkt.»

Das Team an der Kanonengasse konzentriert sich auf die medizinische Hilfe und Beratungen zur sexuellen Gesundheit. Denn die Ressourcen sind knapp. Gewalt sei weniger ein Thema, ziehe sich aber wie ein roter Faden durch die Sprechstunden. Angesprochen werde Gewalt, wenn die Patientin es selber thematisiert oder Anzeichen dafür vorhanden sind. Dann ermutige das Kanonengasse-Team die Frauen, das nicht mehr zu akzeptieren und unter Umständen auch eine Anzeige zu machen. Immer wieder suchten die Frauen den Grund für die Gewalt allerdings bei sich selber.

In manchen Fällen ende eine Sprechstunde damit, dass die Frau zumindest weiss, sie kann jederzeit wiederkommen. «Ein Vertrauensverhältnis aufzubauen, ist ein wichtiger Teil der Arbeit.» Denn sich aus einer gewalttätigen Situation zu befreien, ist ein langer Prozess. Bei diesen Frauen ganz besonders, weil sie Angst haben, ihren Job zu verlieren, wenn sie aktiv dagegen vorgehen. Viele seien sozial abhängig. Das muss nicht Menschenhandel sein. Die Abhängigkeit zeigt sich auch auf andere Weisen: «Die Frauen haben meistens eine geringe Bildung und sprechen kaum Deutsch. Sie sind isoliert, verletzlich und manipulierbar. Viele können ihren Job deshalb nicht eigenständig ausüben», sagt Milena Stoffel.

Ausserdem ist die Gewalttoleranz je nach Kultur grundsätzlich hoch. Manche Frauen seien sich gewohnt, dass es in Beziehungen Schläge gibt. Das macht es schwierig. «Die Frauen sind oft unter starkem Druck, Geld zu verdienen, alles andere blenden sie so lange wie möglich aus. – Wir machen das maximal Mögliche.» Oft spürten Stoffel und ihr Team aber, dass sich hinter dem körperlichen Leid noch viel mehr verberge. Ideal wäre darum, wenn in der Praxis auch Hilfe für die Psyche angeboten würde. Also neben den Ärztinnen auch eine Psychiaterin anwesend wäre. Das aber sei eine Frage der finanziellen Ressourcen.

«Ich erinnere mich nicht daran»

Sara und ich landen in Bulgarien. Vom Flughafen in Sofia nehmen wir die Metro. Ich sitze, Sara steht. Nach 40 Minuten schaut sie mich an, nimmt ihren Koffer. Ich lese auf der Anzeige, wie die nächste Haltestelle heisst – «‹Nadzhea!› Müssen wir hier raus?» – «Ja. Weisst du was das heisst? Hoffnung.» Schön, finde ich. «Ich habe mir das noch nie überlegt. Ich lebe in der Hoffnung. Ich!»

Die Hoffnung ist in sechs Blocks unterteilt. Sara ist im ersten aufgewachsen. Plattenbauten. Ein Hakenkreuz an der Wand. Spielplätze, von der europäischen Union bezahlt. Viele Bäume und unter Sitzbänken leere Bierflaschen.

Die Wohnung gehört ihrer Mutter. Sie hat sie an ein junges Paar vermietet. Sara darf hier schlafen, bevor sie nach Hause ins Dorf fährt. Sie zeigt mir die Gegend. Im Park isst sie ein Eis. Wie jedes Mal, wenn ein Glacé-Stand ihren Weg kreuzt. Es ist heiss. Ich kaufe mir eine halbe Wassermelone, Sara Nüsse und Chips. Wir sind beide müde. Sara hat bis weit nach Mitternacht gearbeitet und konnte danach nicht schlafen. Wir gehen früh ins Bett.

Am Morgen bin ich vor ihr wach und will Kaffee machen, finde NÉSCAFE in einem Schrank, aber keine Pfanne, um Wasser zu kochen. Sara kommt in die Küche, eine Wolldecke um sich geschlungen. «Mach die Tasse in die Mikrowelle.» Ich wärme das Wasser. Wir sitzen am Tisch in einer Küche, die aussieht wie alle Küchen in dieser Plattenbausiedlung. Ich hole die Wassermelone aus dem Kühlschrank, ein grosses Messer. Schneide und esse. Sara hat keine Lust auf Melone.

Sie stellt ihre Tasse in die Mikrowelle, verrührt einen Löffel NESCAFÉ darin.

Ich habe schon mit vielen Menschen in verschiedenen Ländern dieser Welt gesprochen. Aber noch nie hatte ich das Gefühl, dass es so schwierig ist, die Mauer zwischen mir und meinem Gegenüber zu durchbrechen, wie bei diesen Frauen. Ich habe während dieser Recherche gelernt, nichts zu fordern, sondern zu warten. Auf die Momente, in denen die unsichtbare Mauer fällt und ich einen Blick auf diese Frauen erhaschen kann, bevor sie wieder dahinter verschwinden. Unerreichbar für mich.

In der Küche am Sofa passiert es. Die Mauer fällt. Ich im Pyjama, Wassermelone essend, Sara mir gegenüber am Tisch. Sie redet und redet, die Wolldecke rutscht runter, mit entblössten Brüsten sitzt sie da, merkt es gar nicht. Erzählt, wie ihre Mutter sie schlug, wenn sie in der Schule eine schlechte Note erhielt. Wie sie schlug, bis Sara nur noch schrie: Mama, bitte hör auf. So laut, dass das Nachbarsmädchen es hörte. Sie erzählt von der Angst vor diesen Schlägen, von den Süssigkeiten, die ihr Stiefvater stets im Küchenschrank für sie aufbewahrte, bis er überraschend starb. Von ihrem Vater, der verschwand, als sie ein Baby war. Der plötzlich wieder auftauchte. Wie sie ihn dann hin und wieder besuchte, im Alter von [illegible] mit ihm einen Film im Fernsehen schaute, in dem die Hauptfigur ein *Bad Girl* war, und er ihr sagte: «Alle Frauen sind Huren.»

Sie erzählt, dass ihr Mann zurzeit auf einem Feld in Frankreich arbeitet. Für 1000 Euro monatlich. Dass ihre Mutter in Italien eine betagte Person pflegt, für 1000 Euro. Dass sie diesmal 1500 Franken mit nach Bulgarien genommen habe. [illegible] «Man macht das einfach und am Ende des Lebens hofft man, dass man nächstes

«Ich erinnere mich nicht daran»

Sara [illegible]
nehm[illegible]
schau[illegible]
zeige[illegible]
wir h[illegible]
Schön[illegible]
in de[illegible]

erste[illegible]
Wand[illegible]
Bäum[illegible]

ges P[illegible]
Haus[illegible]
sie ei[illegible]
kreu[illegible]
Sara [illegible]
nach[illegible]
fen. [illegible]

finde[illegible]
Wass[illegible]
um s[illegible]
Ich w[illegible]
die a[illegible]
Ich h[illegible]
Mess[illegible]

Sie stellt ihre Tasse in die Mikrowelle, verrührt einen Löffel NESCAFÉ darin.

Ich habe schon mit vielen Menschen in verschiedenen Ländern dieser Welt gesprochen. Aber noch nie hatte ich das Gefühl, dass es so schwierig ist, die Mauer zwischen mir und meinem Gegenüber zu durchbrechen, wie bei diesen Frauen. Ich habe während dieser Recherche gelernt, nichts zu fordern, sondern zu warten. Auf die Momente, in denen die unsichtbare Mauer fällt und ich einen Blick auf diese Frauen erhaschen kann, bevor sie wieder dahinter verschwinden. Unerreichbar für mich.

In der Küche in Sofia passiert es. Die Mauer fällt. Ich im Pyjama, Wassermelone essend. Sara mir gegenüber am Tisch. Sie redet und redet, die Wolldecke rutscht runter. Mit entblössten Brüsten sitzt sie da, merkt es gar nicht. Erzählt, wie ihre Mutter sie schlug, wenn sie in der Schule eine schlechte Note erhielt. Wie sie schlug, bis Sara nur noch schrie: Mama, bitte hör auf. So laut, dass das Nachbarsmädchen es hörte. Sie erzählt von der Angst vor diesen Schlägen, von den Süssigkeiten, die ihr Stiefvater stets im Küchenschrank für sie aufbewahrte, bis er überraschend starb. Von ihrem Vater, der verschwand, als sie ein Baby war. Der plötzlich wieder auftauchte. Wie sie ihn dann hin und wieder besuchte, im Alter von 13 mit ihm einen Film im Fernsehen schaute, in dem die Hauptfigur ein *Bad Girl* war, und er ihr sagte: «Alle Frauen sind Huren.»

Sie erzählt, dass ihr Mann zurzeit auf einem Feld in Frankreich arbeitet. Für 1000 Euro monatlich. Dass ihre Mutter in Italien eine betagte Person pflegt, für 1000 Euro. Dass sie diesmal 2500 Franken mit nach Bulgarien genommen habe. Knapp drei Wochen hat sie gearbeitet. «Man macht das einfach und am Ende des Lebens hofft man, dass man nächstes

Mal ein besseres Leben bekommt.» Erzählt, dass sie einen Freund hatte, sich von ihm trennte und dann nach Spanien ging, um auf einer Orangenplantage zu arbeiten. «Ich mag Spanien.» Irgendwann bettelte ihr Ex-Freund, sie solle zu ihm zurückkommen. «Ich habe es gemacht. Es war der grösste Fehler meines Lebens, weil es mich zu diesem Job führte.» Denn als sie zurück in Bulgarien war, hielt die Beziehung nur kurz und Sara fand acht Monate lang keinen Job. Sie hatte unbezahlte Rechnungen, brauchte Geld. Auch, um Essen zu kaufen. «Darum tat ich es.»

Ich erinnere mich, wie sie mir bei unserem ersten Gespräch erzählte, dass kein Mensch, sondern das Leben sie zwang. Wie das Messer immer tiefer ins Fleisch schneidet, bis es auf dem Knochen ist – es keine Wahl mehr gibt. In dieser Küche verstehe ich nun, was sie damit meinte.

Sara will immer noch keine Melone. Sie isst Nüsse. Ich mache mir nochmals Kaffee, löse das NÉSCAFE-Pulver im kalten Wasser auf.

Sara redet weiter: «Anna fragt die Männer im Puff immer nach ihren Namen. Ich gebe einen Scheiss auf die Namen der Männer. Wenn ich mit ihnen ins Zimmer gehe, frage ich sie, wie es ihnen geht, was in ihrem Leben ansteht. Wenn ich die Türe hinterher wieder öffne, habe ich alles vergessen. Auch, was wir im Zimmer getan haben – alles weg. Ich bin kein Mensch, der schnell vergisst. Das ist wohl eine Art Schutzmechanismus. Ich fand auch heraus, dass ich im Zimmer eine andere Person bin als draussen in der Lounge. In der Lounge bin ich zurückhaltend, lache selten. Wenn Anna die Männer fragt, wie es mit mir war, sagen sie: Sara ist so offen, so als ob wir uns schon ewig kennen, sie lacht, macht Witze. Ich erinnere mich nicht daran. Nur wenn es besonders schlimm war oder wenn ich mit einem der Männer eine gute Zeit hatte. Es sind nicht richtige Erinnerungen, eher Erinnerungsblitze.»

Die Luft in der Küche ist stickig. Ich öffne das Fenster. Draussen ist es warm. Ich baue einen Turm aus Wassermelonenschalen neben dem Teller. Sara spricht einfach weiter: «Die Männer sagen uns, wir seien *bitches.* Aber das stimmt nicht. Das ist unser Job. Eine *bitch* ist eine Frau, die es mit jedem tut. Freiwillig, gratis oder für einen Drink. Wir machen es für Geld. Würden wir diese Männer draussen treffen, wir sähen sie nicht einmal an. Einen Scheiss würden wir auf sie geben. Ich hasse diese Männer. Manchmal, wenn wir in der Lounge sind und sie in einer Gruppe beisammensitzen, hören wir, wie sie sagen, dass sie uns ficken werden, und sich erzählen, wie sie es genau machen wollen. Sie denken, wir verstehen es nicht.»

Sara schaut auf die Uhr. Sie wollte mir unbedingt die Altstadt zeigen. Nun ist es zu spät. Der Bus ins Dorf fährt in einer Stunde. Sie muss noch das Geld auf die Bank bringen und ich Sonnencrème kaufen. Wir gehen zum Busbahnhof. Während der Fahrt sprechen wir kaum miteinander. Drei Stunden trennen Sara noch von ihrem Kind.

Am Strich in Olten

Mehrmals in der Woche ist Roland (65) in Olten am Strassenstrich. Oft zusammen mit Hans (67). Die Männer bezeichnen sich nicht als Freunde, Kollegen seien sie. Kennengelernt haben sich die beiden im Milieu.

Am Strich in Olten gibt es eine Bar. «Flussbar» heisst sie. Männer mit grossen Autos parken dort, junge Frauen steigen aus. Ich sitze drinnen an einem Tisch mit Roland und Hans. In der Bar läuft Reggaeton. Zu laut für Hintergrundmusik. Genug laut, dass die Beats alle Gespräche schlucken. Frauen stehen an der Bar. Der Strich beginnt hinter der «Flussbar», zieht sich durchs Industriequartier, das am Rand der Stadt liegt. Von 20 Uhr bis 5 Uhr morgens stehen die Frauen an der Strasse. Vorne die Osteuropäerinnen, dann Transfrauen, am Ende die Afrikanerinnen. Etwa in der Mitte liegt das Clublokal der Hells Angels. Als ich zum ersten Mal am Strich bin, mahnt mich ein Polizist, nachts nicht allein zum Bahnhof zurückzugehen. «Zu unsicher», sagt er. Am Strich stehen die Frauen auch im Winter leicht bekleidet. Zu Strich und Bar gehören in die Jahre gekommene Mehrfamilienhäuser, in denen die Prostituierten Zimmer mieten können. In diesen Häusern arbeiten und schlafen sie. Manche bleiben Tage, andere Monate. Damit unterscheidet sich der Strich in Olten von dem in Chur oder Luzern. Die liegen zwar ebenfalls in einem Industriegebiet, sind aber nur Strasse – ohne Bar, ohne Zimmer.

Zwei der drei Häuser in Olten gehören Monika. Einer etwa 50-jährigen Frau, die Journalisten, die etwas über den Strich wissen wollen, gern die Geschichte erzählt, wie sie zufällig und ahnungslos mit ihren Katzen in diese Gegend zog. Wie die Prostituierten sie baten, sich um sie zu kümmern. Eine Mutter für diese Frauen sei sie, sagt Monika. «Das Ganze hier ist wie eine Familie.» Monika ist ein Mami, das gut verdient an ihren Kindern. Die Frauen bezahlen für ein Zimmer 110 Franken pro Tag. Macht für eine Vierzimmerwohnung 13 200 Franken pro Monat. Es hat mehrere Wohnungen in diesen Häusern.

Roland und Hans kennen die meisten der Frauen hier. Roland deutet mit dem Kopf auf eine, die an der Bar steht. «Da schau, das ist Bettina. Eine hübsche junge Frau, ganz eine schlanke. Aber total gefühllos im Bett. Sie sagt, ihre Muschi sei eine Maschine. Sie legt sich einfach auf den Rücken und macht alles mit – also, na ja, fast alles. Aber eben ohne Gefühle. Am liebsten ist es ihr, wenn es so schnell wie möglich vorbei ist.»

Vom Preis-Leistungs-Verhältnis sei es hier am Strassenstrich gut. 15 bis 20 Minuten für 50 Franken. Die Afrikanerinnen tun es ohne Kondom für 20 Franken. Er selber habe nur Sex mit Kondom. Die meisten Frauen hier sind Osteuropäerinnen, hätten ein Kind zu Hause oder zwei. «Die müssen sie irgendwie versorgen. In ihrer Heimat reiche das, was sie dort verdienen, nicht mal von der Hand in den Mund. Darum kommen sie hierher. Also eigentlich aus einer Notlage heraus. Für uns hier in der Schweiz ist es gut, dass es solche Frauen gibt.» Sonst würde noch mehr passieren mit Überfällen auf der Strasse und Vergewaltigungen. «Freiwillig macht das keine», sagt Roland. Und fügt dann an: «Also vielleicht könnte es das schon geben.»

«Was ist der Reiz hier für euch?»

Roland: «Ja also, wir sitzen hier, sehen eine. Dann überkommt mich die Lust und ich gehe schnell mit ihr – Viertelstunde, halbe Stunde. Ich suche es nicht direkt.»

Hans: «Ein fremder Körper.»

«Und für die Frauen?»

Roland: «Geld. Wenn du hier das Gewerbe machst, dir ein bisschen Mühe gibst und keinen Stress machst, kommt der Kunde wieder.»

Hans: «Viele, die hier sind, machen ihre Arbeit schlecht. Ich versuche ihnen immer zu erklären, dass sie anständig mit den Männern umgehen müssen, damit sie sich eine Kundschaft aufbauen können. Das heisst, beim ersten Mal ein bisschen mehr machen als abgemacht. Das hat sich bewährt bei den Frauen, die das kapiert haben. Die anderen, die es schlecht machen, bleiben nicht lange.»

Roland: «Die meisten haben keine Lust und nur Geld im Kopf. So viel wie möglich verdienen. Alles kostet noch 30 Franken extra. Hans und ich sind privilegiert. Wir wissen, welche Frauen keinen Stress machen. Und wir wissen, welche gut sind.»

Hans: «Ich muss ehrlich sagen, die Gefühle einer Frau verlieren sich, also sexuell. Diese Frauen sind nicht gleich wie andere Frauen. Sie sind praktisch, wie soll ich sagen, sie sind hilflos. Wenn man länger mit einer dieser Frauen zusammen ist, merkt man das. Es funktioniert schon. Aber man spürt, dass sie gar nicht richtig wollen.»

Roland: «Sie sind einfach kalt.»

Hans: «Sie werden halt so. Ich begreife das. Irgendwann sind sie hinüber, diese Frauen. Haben Probleme. Ich habe viele kennengelernt, die Probleme haben.»

Roland: «Bettina zum Beispiel. Sie ist so kalt. Sie hat ein Kind zu Hause. Sie macht es nur wegen des Geldes. Sie ist wirklich nur eine Sexarbeiterin, obwohl sie freundlich ist.»

Hans: «Mehr kannst du auch nicht erwarten, Roland.»

Roland: «Schau! Kaum hört sie ihren Namen, kommt sie.» *(deutet auf Bettina an der Bar, die sich zu uns umgedreht hat)*

Hans: «Aber es stimmt schon, diese Frauen sind kalt.»

Roland: «Sie liegen teilnahmslos im Nest.»

Simon Steger (43) ist Polizist und leitet die Fachgruppe Sexualdelikte bei der Luzerner Kriminalpolizei. Seit 14 Jahren arbeitet Steger in diesem Bereich. Seit fünf Jahren mit Schwerpunkt Menschenhandel und Milieuaufklärung. Es ist ein Morgen im Dezember, als ich ihn im Sitzungsraum der Kriminalpolizei zu einem Gespräch treffe. «Was auf dem Strich vor sich geht, ist schwierig zu durchschauen», sagt er. «In Luzern sind Zuhälter zwar selten vor Ort, weil es ein zu heisses Pflaster für sie geworden ist, stattdessen regeln sie es mit Capo-Frauen. Vor allem bei den Osteuropäerinnen ist das verbreitet.» Der Begriff *Capo* ist aus den Konzentrationslagern der Nationalsozialisten bekannt. Die Nazis haben gewisse Häftlinge als Capos definiert, ihnen Privilegien gegeben – etwas mehr Nahrung, ein besseres Bett, vielleicht die Garantie, nicht getötet zu werden. Der Preis: Die Capos mussten ihre Mithäftlinge bespitzeln. Ein unmenschliches System in einer Umgebung, in der sich jeder Mensch im Überlebensmodus befand. In der Prostitution findet dieses System ebenfalls Anwendung. «Das macht es für die Polizei so schwierig», sagt Steger. «Denn die Capos schaffen selber auch an. Von aussen ist darum kaum erkennbar, wer welche Rolle hat. Die Polizei muss extrem vorsichtig sein. Denn merkt eine Capo, dass sich eine ihrer Frauen einem Polizisten öffnet, wird sie ausgewechselt oder bearbeitet. Im schlimmsten Fall kann es für eine Frau tödlich enden.» Steger hat das erlebt.

Hans: «Wenn meine Tochter das machen wollte, müsste ich es akzeptieren. Weil es legal ist. Unterstützen würde ich es nicht.»

Roland: «Das Problem haben wir in der Schweiz gar nicht.»

Hans: «Ich glaube, Schweizerinnen machen es nur aus einer Notlage heraus. Ich kenne eine, die wurde verarscht von ihrem Mann und im Stich gelassen. Darum hat sie angeschafft. Oder aber, wenn die Mutter bereits in diesem Gewerbe war. Ich kenne eine andere Frau, die hat eine Tochter, 16 Jahre alt. Sie ist jetzt schon im gleichen Ding drin.»

Roland: «Ich schätze, eine von hundert Schweizerinnen macht es freiwillig. Maximum. Und das sind solche, die es brauchen. Bei den Osteuropäerinnen macht es keine freiwillig.»

Die Mutter von Roland war in einer Notlage, als er zur Welt kam. Mit zwei Jahren kam Roland in eine Pflegefamilie. «Dort gab es einmal in der Woche auf den *Ranzen*». Schon immer sei er ein Rebell gewesen, ein Einzelgänger. Auch während seiner Schulzeit. Früh verkehrte er im Zürcher Milieu. Was er dort gesucht habe? «Teilweise schon Liebe», sagt Roland.

Und heute? «Ich bin verheiratet. Meine Frau will keinen Sex mehr.» Vor ein paar Monaten war er wieder besonders oft im Puff und am Strich. Er habe Streit gehabt mit seiner Frau. «Im Milieu suchte ich irgendetwas.» Einmal meinte er, es gefunden zu haben. Die Frau arbeitete in einem Studio, habe auf grosse Liebe gemacht. «Ich habe mich in sie verliebt, wollte sie rausholen.» Sie schaffte trotz des Geldes, das er ihr gab, weiter an. Am Ende wurde er von zwei Rockern angegriffen. Ein paar Tausende Franken verlor er. «Was kann ich machen?» Er habe eben in die Scheisse gegriffen, sei verarscht worden.

Vor kurzem hat er eine neue Frau kennengelernt, auch eine aus dem Milieu. «Eine natürliche, die auch Gefühle zeigt, nicht nur auf dem Rücken liegt und sagt, dann mach halt.» Er bekommt von ihr auch mal einen Kuss. «Das machen die anderen nicht – was ich verstehe.» Er bezahlt diese Frau immer, wenn er zu ihr geht. Sie sei eine interessante Person. Roland kann sich vorstellen, dass sich daraus etwas Festes ergeben könnte. «Wir haben schon davon gesprochen, zusammen eine Wohnung zu nehmen.» Nach der Erfahrung mit der letzten Frau ist er nun aber vorsichtiger.

Simon Steger, der Polizist, traf vor ein paar Jahren auf zwei Bulgarinnen am Strassenstrich in Luzern. «Sie waren psychisch auffällig und es bestand der Verdacht, dass sie Opfer von Menschenhandel sind.» Weil es zwischen ihm und den Frauen meist keine gemeinsame Sprache gibt, hat Steger Kärtchen mit Fragen in Ungarisch, Bulgarisch und Rumänisch. Die Frauen können die Fragen mit Kopfschütteln oder Nicken beantworten. Diese zwei Bulgarinnen sagten immer, dass alles gut ist. Steger baute Vertrauen auf. Nach einem halben Jahr schliesslich vertrauten die Frauen sich ihm an, erzählten von ihren bulgarischen Zuhältern. Auf dem Strich würden sie von einer Capo-Frau überwacht, die ihnen das Geld abnimmt und den Zuhältern aushändigt. «Die Zusammenarbeit war schwierig. Diese Frauen waren extrem ambivalent in ihrem Verhalten. Sie machten eine Aussage, tauchten unter, kamen plötzlich wieder und verschwanden abermals. Sie waren so sehr im Überlebensmodus, dass sie nur darauf schauten, wie die Situation im Moment wieder gut wird. Sie konnten kaum längerfristig denken.»

Wie viel Geld er dieses Jahr schon für Sex ausgegeben hat, will ich von Roland wissen. Er beginnt laut vorzurechnen, verstummt dann. Inzwischen unterhalte ich mich mit Hans. Plötzlich sagt Roland: «Da kommen wir auf eine hohe Summe!» Eine Weile war es schlimm in diesem Jahr. Er dürfe gar nicht mehr weiterrechnen, sonst müsse er sich selbst an den Kopf fassen. Roland verstummt wieder, sagt dann: «Manchmal bin ich zwei- oder dreimal in der Woche gegangen. Dieses Jahr war wirklich schlimm.» Er habe in den letzten zehn Monaten sicher schon 10 000 Franken ausgegeben. «Obwohl nein, das waren viel mehr als 10 000 Franken.»

Kurz nachdem die beiden Bulgarinnen bei der Luzerner Polizei aussagten, wurde ihre Capo-Frau tot bei Stansstad im Vierwaldstättersee gefunden. Das war 2014. Wer die im Aargau wohnhafte 36-jährige Bulgarin getötet hat, konnte die Polizei bis heute nicht klären. Es könnte ein Freier gewesen sein. Steger sagt: «Alles ist möglich.» Er deutet damit an, dass auch vorstellbar ist, dass die Capo-Frau als Strafe ermordet wurde. Weil die Bulgarinnen, die sie zu beaufsichtigen hatte, bei der Polizei zu viel verraten haben. «Solange das Tötungsdelikt nicht geklärt ist, bleibt das aber Spekulation.»

Martina aus Rumänien arbeitet auf dem Strich. Immer mittwochs von 19 bis 21 Uhr ist sie allerdings für nichts zu haben.

Dann schaut sich die 27-Jährige eine rumänische Soap an. «Das wissen auch meine Kunden.» Angefangen habe Martina vor drei Jahren nach einem Streit mit ihren Eltern. Nun pendle sie zwischen Strich und Elternhaus. «Das Geld gebe ich meiner Mutter und meinem Vater – das ist normal.» Martina beginnt unvermittelt zu weinen, dreht ihr Gesicht weg.

Eintrag in einem Internet-Forum, auf dem sich Freier über Prostituierte austauschen: «Vor ein paar Tagen am Strassenstrich Olten Martina getroffen. War vor drei Monaten schon mal bei ihr. Sie ist nicht zu übersehen. (Es folgt eine genaue Beschreibung ihres Körpers). Bietet gehobenen Service zu höheren Preisen. Ich weiss nicht, warum sich sowas am Strassenstrich Olten rumtreibt. In ihrem grossen Zimmer – habe noch nie eine solch perfekte Ordnung gesehen – dann FO *(blasen ohne Kondom)* und GV *(Geschlechtsverkehr)*. Sie verführt dich schön langsam, wie es in einem Club sein sollte. Dann GV in verschiedenen Stellungen, ohne lange zu fragen. Zum Schluss dann noch Körperbesamung *(Ejakulation auf den Körper)* angeboten bekommen. Ich dachte mir noch: Mädchen, in dieser Position und mit meinem fünftägigen Überdruck gibt's dann noch eine Gesichtsbesamung *(Ejakulation ins Gesicht)*. So wars dann auch. Aber ich habe sie gewarnt und sie hat nicht mal das Gesicht weggedreht.»

Martina betritt die «Flussbar». «Schau ihre Jacke! Die ist schön, nicht? Habe ich ihr heute gekauft», sagt Hans. Er gehe jede Woche einmal mit Martina einkaufen. Für maximal 150 Franken. «Den Sex mit Martina bezahle ich nicht. Ich kann, so oft ich will. Ohne Gummi. Wir vertrauen einander. Ich weiss, dass sie keinen Scheissdreck macht.»

«Bist du ihr treu?»

Hans: «Ja schon.»

«Und sie dir?»

Hans: «Auch.»

«Dann verdient sie ja gar kein Geld.»

Hans: «Abends bin ich nicht da. Am Abend macht sie das schon. Es ist getrennt bei ihr. Es gibt Frauen, die unterscheiden können zwischen Beruf und Privatleben. Ich weiss hundertprozentig, dass sie es nicht ohne Gummi macht. Weil wir es zusammen ohne Gummi tun. Und sie weiss auch bei mir, dass ich mich schütze. Ich habe gerade sowieso wenig mit anderen Frauen. Ich bin ein bisschen verknallt in Martina.»

Simon Steger, der Leiter der Fachgruppe Sexualdelikte, erzählt, dass die Zuhälter der bulgarischen Frauen von der Polizei gesucht, aber bisher nicht festgenommen wurden. Eine der beiden Bulgarinnen ist in ihr Heimatland zurückgekehrt. Die andere lebt in der Schweiz. «Sie hat nichts. Zwei Kinder hat sie zur Welt gebracht. Beide leben nicht bei ihr. Welche Perspektiven hat diese Frau hier? Sie ist psychisch noch immer sehr auffällig. Zweimal wurde sie bereits fürsorgerisch in einer Klinik untergebracht. Manchmal verstehe ich, wenn die Opfer sagen: Hätte ich lieber geschwiegen.»

Frauen, die sich trauen, zur Polizei zu gehen, hätten oft das Gefühl, sie können eine Aussage machen, bekommen dann ein Flugticket, vielleicht ein bisschen Geld und erledigt ist es. «Merken sie dann, wie langwierig ein Verfahren sein kann, ärgert sie das. Die Zusammenarbeit ist deshalb äusserst schwierig und braucht viel Fingerspitzengefühl», sagt Steger. «Diese Frauen verfolgen oft einfach eine Überlebensstrategie. Es scheint ihnen egal zu sein, vom wem die Unterstützung kommt. Es geht nur darum, zu überleben.» Dies mache die Zusammenarbeit so unglaublich schwierig. «Übelnehmen kann man das diesen Frauen jedoch nie.»

Wenn sie in ihre Heimatländer zurückkehren, gehe es in der Regel nicht lange und sie befänden sich wieder im gleichen

Elend. Das Ganze ist komplex. Ein Strafverfahren ist eine Herausforderung, dass es dem Opfer nachhaltig besser geht, eine andere.»

Am Strassenstrich in Olten treffe ich Celine. Die 24-Jährige ist sehr dünn und hat ein auffallend hübsches Gesicht. Zuvor hat sie in Deutschland, der Türkei und Belgien als Prostituierte gearbeitet. Sie hat einen zweijährigen Sohn. Der mache sie glücklich. Ihre Mutter passt auf ihn auf – «Das ist normal». Ich frage, ob sie diese Arbeit gern macht.

Celine lacht. Kann gar nicht mehr aufhören, zu lachen. «Gerne?!» Sie stützt mit einer Hand ihren Brustkorb. Ihr Körper bebt. «Es schmerzt beim Lachen! Ich habe eine Verspannung – die Kälte.» Es dauert eine Weile, bis sie sich beruhigt hat. «Niemand macht das gerne. Niemand!»

Hans: «Sie spüren einfach nicht viel, diese Frauen. Ich habe Martina schon oft gefragt, ob wir mal richtigen Sex machen können. Sodass sie auch etwas davon hat. Geht nicht, sagte sie. Ich schlug vor, sie soll es sich selbst machen. Sie empfinde keine Lust mehr, sagte sie. Die sind einfach so lustlos, diese Frauen, die werden so.»

Roland: «Es gibt zwar schon welche, die selber aktiv mitmachen.»

Hans: «Die spielen alles vor.»

Roland: «Ja schon, aber man merkt es schon. Ich weiss genau, wenn eine spielt.»

Hans: «Roland, ich dementiere das.»

Roland: «Doch, du merkst irgendwie, ob sie eine gewisse Sympathie hat für dich. Oder ob es ihr wirklich nur ums Geld geht.»

Hans: «Martina macht es keinen Spass. Wenn sie wählen könnte, würde sie keinen Sex machen.»

«Warum habt ihr dann Sex», frage ich. – «Ja also, was soll ich sagen. Ehrlich gesagt, ich habe schon Spass. Ich glaube, ein bisschen Spass hat Martina auch. Einfach nicht so wie normal. Irgendwie stört mich das. Aber es ist begreiflich.»

Als Polizist Simon Steger als Milieuaufklärer zu arbeiten begann, war er überzeugt, im Bereich des Strassenstrichs ermitteln zu müssen, wenn er im Kampf gegen Menschenhandel Erfolge verzeichnen will. Mit den Jahren sei er eines Besseren belehrt worden. «Die meisten Fälle von Menschenhandel spielten in Studios, Clubs und Massagesalons. Ein Bordell kann noch so schön aussehen und die Betreiber können noch so gut zu den Frauen schauen, das bedeutet gar nichts. Solange das Geld nicht bei den Frauen bleibt, deutet viel auf Menschenhandel hin. Da kann man die Fixleintücher so oft am Tag wechseln, wie man will.»

Mit den meisten Bordellbetreibern haben Steger und sein Team guten Kontakt. «Die wissen, dass sie sich an die Gesetze halten müssen. Bloss machen es sich viele der Betreiber einfach. Sie sagen: Ich schaue, dass die Frauen es schön haben, stelle eine optimale Infrastruktur zur Verfügung, zahle fair, melde sie an, dulde keine Zuhälter im Haus und nehme keine Frauen, die mir angeboten werden. Was im Hintergrund läuft, sei nicht ihre Verantwortung. Ich verstehe sogar, dass die Betreiber sich da rausnehmen», sagt Steger. «Mein Arbeitgeber weiss schliesslich auch nicht, wohin mein Lohn geht.»

Besonders schwierig für Ermittlungen sei die thailändische Prostitution. «Das ist hochgradig organisiert.» Es beginne in Nordthailand. Die Frauen werden rekrutiert. In Bangkok erhalten sie dann gefälschte Visa und reisen mit Aufpasserinnen über Drittstaaten wie beispielsweise die Türkei, damit es nicht so auffällt, in die Schweiz ein. In der Schweiz bleiben sie ein paar Monate legal als Touristinnen, danach tauchen sie unter und werden in Massagesalons im ganzen Land herumgereicht. Viele dieser Salons werden von Thailänderinnen geführt, die mit Schweizern verheiratet und deshalb legal im Land sind. Die Prostituierten müssen ihre Reise abbezahlen. Die kann bis zu 30 000 Franken kosten. Ist das bezahlt, werden neue Schulden erfunden.»

Steiger meint weiter: «Wenn ein Mann hundert Prozent korrekt handeln will, sollte er nicht zu einer Prostituierten gehen. Wenn schon die Polizei mit ihren Ermittlungen die Opfer nicht identifizieren kann, wie sollte das einem Freier gelingen?»

«Gibt es Zuhälter am Strich in Olten?»

Roland: «Da blickt man nicht so genau durch.»

Hans: «Doch, doch, ich schon. Es hat Zuhälter und viele Autos mit rumänischen und ungarischen Kennzeichen. Diese Männer kassieren die Frauen ab. Die Behörden sollten besser hinschauen. Ich habe eine Weile hier gearbeitet und Monika beim Unterhalt der Häuser geholfen. Es gab sogar Polizisten, die hier im Milieu verkehrt sind. Einmal war ein Riesengeschrei im dritten Stock. Als ich nachschaute, was los ist, war da ein Polizist in Dienstuniform mit Waffe. Das geht natürlich nicht. Wenn das an die Öffentlichkeit gekommen wäre. Ein Skandal. Aber alle schwiegen.»

«Welche Männer verkehren am Strassenstrich.»

Hans: «Es sind schon Autos mit Diplomatennummern samt Chauffeur vorgefahren. Ich kannte auch zwei Pfarrer und natürlich Politiker aus Olten. Es gibt alle möglichen Leute hier. Gut, wieso eigentlich nicht, ist ja legal.»

Polizist Steger ist überzeugt, dass die Vorstellung von Prostitution in der Bevölkerung oft falsch ist. «Die meisten Menschen denken, es ist schwarz und weiss. Hier die Zwangspros-

titution, da die normale Prostitution. Dabei ist alles viel fliessender.» Steger geht davon aus, dass der grösste Teil der Osteuropäerinnen diese Arbeit nicht freiwillig ausübt. «Doch um das aufzudecken, braucht es mehr finanzielle und personelle Ressourcen für Ermittlungen.»

Im Kanton Luzern wurde bei der letzten Sparmassnahme in der Milieuaufklärung gespart.

Hans: «Ich bin früher nicht im Milieu verkehrt. Ich verkehre hier erst, seit ich ab 2007 eine Weile mitgeholfen habe, die Häuser in Schuss zu halten. Aber wenn du einmal drin bist, kommst du schlecht wieder weg. Es zieht dich rein. Ich habe mir sicher schon fünfzig oder hundert Mal gesagt, dass ich nie mehr gehe. Aber irgendwie hat es mich trotzdem immer wieder hierhergezogen.»

Roland: «Es ist wie eine Krankheit, dass man immer wieder geht.»

Hans: «Irgendwie schon.»

«Mein Sohn erkennt mich nicht»

In einem Dorf steigen wir aus dem Bus. Es ist Saras Dorf. Eine geteerte Strasse, überwucherte Gärten, verlassene Häuser. Ihre Besitzer sind von hier weggezogen, um Arbeit in der Stadt oder im Ausland zu finden. Das hier ist der ärmste Landstrich der Europäischen Union. Saras Zuhause liegt an einem Feldweg. Grossmutter und Onkel sind da. Sara gibt ihnen die Schokolade und den Wein, die sie aus der Schweiz mitgebracht hat. Das Kind ist bei ihren Schwiegereltern. Wir gehen zu deren Haus, vorbei an einem Weiher. Petru steht draussen neben dem Tisch, an dem Saras Schwiegervater Victor sitzt. Petru geht nicht zu Sara hin. Auch wenn sie immer wieder seinen Namen sagt. Sie hebt ihn hoch, küsst ihn. Er dreht den Kopf weg. «Er erkennt mich nicht», sagt Sara.

Wir verbringen Sommertage im Garten, spielen mit Petru, essen die Pflaumen direkt vom Baum, trinken Kaffee mit Ziegenmilch. Neben den Ziegen hält Saras Familie im eigenen Garten auch ein Schwein. Petru mag es, wenn Sara der Sau mit einer Giesskanne Wasser über den Kopf schüttet. Das Schwein mag das auch. «Bald wird das Tier geschlachtet», sagt Sara.

An einem Abend gehen wir wieder zu Victor und seiner Frau. Sie sprechen kein Englisch. Sara übersetzt. Wir sitzen draussen unter Reben, daneben Hühner und Ziegen. Ein Holzhäuschen mit Plumpsklo im Garten. Victor schickt seinen neunjährigen Enkel los, um Bier zu holen. Er füllt die Gläser nach, erzählt, wie schwierig das Leben hier in Bulgarien ist, wie hoffnungslos. Seine Frau serviert Tomaten-Feta-Salat und Wurst. Er sagt, sie solle einen Aschenbecher bringen. Sie stellt ihn vor Victor auf den Tisch. Victor schwitzt. Wir kommen auf die Flüchtlinge zu sprechen. Sara nervt sich, dass Westeuropa so viele reinlässt. «Diese Menschen wollen sich nicht anpassen, die Sprache nicht lernen», sagt sie. Ich entgegne, dass es schwierig sei, eine neue Sprache zu lernen. Besonders für Menschen, die traumatisiert sind – und viele Frauen würden auf der Flucht vergewaltigt. Sara sagt: «Ja und? Ich wurde auch zweimal vergewaltigt. Danach steht man wieder auf, klopft sich den Dreck von den Kleidern und macht weiter.» Sie übersetzt das nicht für Victor.

Das Bier ist leer. Victor füllt Schnaps in Trinkgläser. Mit der Dunkelheit kommen die Mücken und die Wirkung des Alkohols. Es ist noch heute eine von Saras Lieblingsgeschichten, wie sie sich auf dem Heimweg bei mir einhakt, wir den Sternenhimmel bestaunen und zugleich versuchen, nicht von den Mücken gestochen zu werden – und ich ihr eine halbe Stunde lang etwas erklären wollte, aber wegen des Schnapses nicht mehr fähig dazu war.

Am nächsten Morgen sitzen wir mit einer Tasse Kaffee auf dem Sofa. Das erste Mal, erzählt Sara, sei sie auf der Plantage in Spanien vergewaltigt worden. Sie hatte keine Chance. Wusste, dass er sonst gewalttätig würde. Das zweite Mal war in der Stadt. «Es hat sich schon nicht mehr so schlimm angefühlt wie beim ersten Mal.» Ich will wissen, ob sie eine Anzeige gemacht hat. «Hab ich nicht.» Sara wird wütend über meine Frage. Es sei passiert. «Was bringt das noch?» Sie nervt sich über eine Kollegin, die ebenfalls vergewaltigt wurde, auch keine Anzeige machte, nun aber nicht darüber hinwegkommt. «Was bringt das?»

Kein Geld in die Hand

Peggy sitzt bei «Nordsee» am Hauptbahnhof Zürich. Sie will mich zum Mittagessen einladen. Gemüse, Salzkartoffeln und Fisch mit Käse-Champignon-Sauce hat die 63-Jährige auf dem Teller. Sie isst die Kartoffeln, mag die Sauce vom Fisch nicht und redet über Steuern.

Kennengelernt habe ich Peggy über ihre Sexanzeige. Rund 30 Frauen habe ich auf diesem Weg angeschrieben. Peggy hat als Einzige geantwortet. Nun hat sie Sorgen wegen der Steuerbehörde. Erzählt von ihrem Handyvertrag. Davon, dass sie umziehen will und wie es ihren Kindern geht. Ich kann ihr kaum folgen.

Unser allererstes Gespräch war bei ihr zu Hause. Das war vor einem Jahr. Eine Einzimmerwohnung in einem Hochhaus im Aargau, eine Trennwand zwischen Bett und Küche. Das Bett ist ihr Arbeitsplatz. Auf einem der Kissen ein Foto ihrer Enkelinnen. In der Küche Mandarinen – «für meine Kunden».

Das Erste, was sie sagt: «Man tut so, als ob alle Frauen gezwungen werden.» Sie glaube das nicht. «Ich mache das seit fünf Jahren, seit ich arbeitslos wurde und keine Arbeit mehr fand.» Sie werde von niemandem gezwungen.

Peggy ist eine Frau, bei der zuerst die anderen kommen. Sie schenkt mir bei jedem Besuch den halben Inhalt ihres Kühlschranks. Drückt ihr ein Mann mit Gewalt den Kopf gegen sein Glied, weil er entgegen ihrem Willen den Blowjob ohne Gummi will, gibt sie im danach einen Teil des bezahlten Geldes zurück.

Aufgewachsen ist Peggy im Osten Deutschlands. Die Mauer wünscht sie sich zurück. «Das Negative habe ich gar nicht mitgekriegt.» Unpolitisch sei sie. Erst nach der Wende sah sie im Fernsehen, wie das in der DDR gewesen sein soll. Was sie sieht, deckt sich nicht mit ihren Erfahrungen. «Wir haben alles gehabt. Klar, keine exotischen Früchte, dafür im Garten sämtliche Kohlarten, dazu Kartoffeln, Möhren, Spargeln und Erdbeeren. Es ging uns nicht schlecht.» Sie sei eben eine Mitläuferin gewesen. «Am besten den Mund halten. Dann klappt das schon. So lebe ich.»

Die Mauer fiel und Peggy fand über eine Zeitungsannonce einen Mann aus dem Westen. Mit ihren drei Kindern zog sie zu ihm. Er war arbeitslos, sie arbeitete. In den folgenden Jahren folgten zwei Babys und die Trennung. Peggy ohne Wohnung mit fünf Kindern auf der Strasse. Das Jüngste eineinhalb. Die Väter weg. Sie arbeitete als Putzfrau, rief täglich beim Sozialamt an und fragte, wo sie und ihre Kinder abends schlafen können. Die Kinder in ein Heim oder eine Pflegefamilie zu geben, wie man ihr nahelegte, kam für sie nicht infrage. Nach einem Jahr bekam sie eine Sozialwohnung.

Acht Jahre arbeitete Peggy nachts in der Logistik, schaute tagsüber zu den Kindern. «Das war o.k.», sagt sie. Geschlafen habe sie kaum. Nach acht Jahren wurde sie krank, verlor ihre Stelle. «Der Stress war zu gross.» Sie sei wie ein Roboter gewesen.

Peggy war nun 56 Jahre alt, bekam eine Sozialrente, die nur knapp reichte, und hatte zum ersten Mal Zeit für ein Privatleben. Sie habe sich nach einem Mann gesehnt, mit dem sie einen schönen Lebensabend verbringen kann. Ihre Kinder zeigten ihr, wie ein Laptop funktioniert. Auf bezahlpflichtigen Seiten gab sie eine Annonce auf. «Da sollten seriöse und niveauvolle Singles sein.» Gemeldet haben sich verheiratete Männer, die Affären suchten. «Solche, die ihre Bequemlichkeit nicht aufgeben wollen», wie Peggy sagt. «Was habe ich davon? Ich suchte was Festes.»

Eine Bekannte riet ihr, TG zu nehmen. Peggy wusste nicht, was das ist, TG – *Taschengeld,* eine Umschreibung für Sex gegen Bezahlung. Peggy sagte: «Ich verkaufe meinen Körper nicht. Kommt nicht infrage.»

Trotzdem hat sie sich die Sexseiten angeschaut. Sie schlief mehrere Nächte darüber. «Niemand muss seinen Körper verkaufen. So tief kann eine Frau gar nicht sinken», dachte sie sich. Nach ein paar Tagen die Entscheidung: «Ich suche einen Partner, ich brauche Arbeit. Warum nicht das Schöne mit dem Nützlichen verbinden?»

In der Zeitschrift HEIM UND WELT sah sie die Anzeige eines Studios in Basel und reiste in die Schweiz. Die Kinder blieben in Deutschland. Das Jüngste war knapp volljährig. In den vergangenen sechs Jahren hat Peggy in Zürich, Langnau im Emmental, in Winterthur, St. Gallen, Bern, Luzern und im Aargau gearbeitet.

«Ich habe noch nie Geld von einem Gast in die Hand genommen.» Der Freier muss das Geld irgendwo in der Wohnung hinlegen. «Gibt er mir das Geld in die Hand, ist es Bezahlung.»

Strenggenommen ist es auch Bezahlung, wenn er es hinlegt, sagt sie. «Aber es fühlt sich nicht so an.»

Als sie begann, traute sie sich nicht einmal, zu sagen, dass sie überhaupt Geld will. «Ich hatte Hemmungen.»

Dienstagabend, November 2018, Whatsapp von Peggy: «Heute war einer hier, dem ich vertraut habe, dass er hinterher bezahlt. Nach eineinhalb Stunden sagte er, dass er sein Auto umparken muss, er komme gleich wieder. Er kam nicht mehr. 300 Franken sind mir verloren gegangen. Habe den von der Polizei angerufen und eine SMS geschrieben, doch nicht erreicht. Hoffe, er hilft mir.»

Ich frage, weshalb sie die Polizei nicht erreicht hat. Sie sagt, sie hätte den einen Polizisten sprechen wollen, der kürzlich eine Kontrolle bei ihr machte. Der war aber nicht dort. Sie schäme sich, auf der Hauptnummer anzurufen. Keine Stunde später schreibt mir Peggy: «Ich gebe dir seine Nummer, vielleicht kannst du ihn überreden, mir das Geld zu bringen, und ihn fragen, warum er nicht bezahlt hat. Sonst gibt es eine Anzeige. Wäre dir dankbar.»

Ich frage, wie der Mann denn heisse.

«Sandro. Weiss aber nicht, ob es sein richtiger Name ist. Wenn er mir das Geld in einem Umschlag in meinen Briefkasten macht, wäre alles gut. 300 Franken.»

Ich wähle die Nummer. Er geht nach dem ersten Klingeln ran – «Sandro». Ob er heute etwas vergessen hat, frage ich. Er wisse nicht, was ich meine. Ob er heute vergessen hat, etwas zu bezahlen, präzisiere ich. «Das war wohl mein Bruder!» Ich frage, ob sein Bruder auch Sandro heisst. Sein Bruder heisse genau wie er auch Sandro, meint die Stimme am Telefon. Ob er mir die Nummer seines Bruders geben kann, frage ich. Er gibt mir eine Nummer und sagt, dass er den Schaden übernehme, falls sein Bruder nicht bezahlt. Ich wähle die Nummer.

Combox. Wähle wieder die Nummer von Sandro, sage ihm, das Geld muss bis morgen 12.00 Uhr im Briefkasten sein und dass er seinem Bruder ausrichten soll, sich mit einer Karte bei Peggy zu entschuldigen. Sandro verspricht, es zu tun. Nachdem wir aufgehängt haben, schickt er eine SMS: «Ich werde das erledigen. Hoffe, dass ich meinen Bruder noch sehe für die Karte. Ansonsten schaue ich, dass die Karte nachgeschickt wird. Ich entschuldige mich für das Verhalten meines Bruders.»

Ich erzähle Peggy vom Telefongespräch. Sie schreibt: «Ich könnte vor Freude heulen. Es geht weniger ums Geld als darum, wie er mich behandelt hat.»

Am nächsten Morgen sind die 300 Franken im Briefkasten. Ohne Karte. Peggy schreibt: «Vielleicht musste das passieren, damit ich vorsichtiger bin und Gästen gegenüber nicht mehr so gutgläubig. Ein positiver Effekt, den ich daraus gelernt habe beziehungsweise noch lernen muss. Ich bin gerade am Putzen in meiner kleinen Wohnung, reagiere mich damit ab. Hast nun Stoff für dein Buch, damit jeder erfährt, was es für naive Frauen wie mich gibt und wie wir bestraft werden dafür.»

Ende November eine Mail von Peggy: «Möchte dir von heute berichten, doch es war auch in der Vergangenheit so: Es kommen SMS und man fragt nach Preisen, ich gebe die Preise durch, danach die beleidigende Antwort: ‹Du bist zu teuer, zu alt, zu dick, es gibt Besseres.› Ich schreibe dann: ‹Seltsam, du hast mich angeschrieben, nicht ich dich.› Darauf schreibt er mir, ich wäre nicht ganz richtig im Kopf. Es gibt immer mehr Männer (hauptsächlich Jugendliche) ohne Anstand und Respekt. Sie sind beleidigend und verarschen Frauen, machen Termine und kommen einfach nicht.»

«Du alte fette Sau», sagen manche Männer, wenn Peggy sie am Telefon ablehnt. Früher habe sie solche Aussagen an sich herangelassen. Mittlerweile nicht mehr. «Ich habe einen Schutz um mich gebaut.»

«Schwierig waren zu Beginn vor allem die jungen Männer. Jünger als meine Kinder.» Das ist dann Kopfarbeit. Sie überlegt währenddessen, was sie noch erledigen muss, oder denkt an eine Fernsehsendung. Das Gleiche tut sie bei Männern, die ihr unsympathisch sind. «Ich habe Stolz und Würde», sagt Peggy. «Ich lasse mir das nicht nehmen. Von niemandem. Damals in Deutschland nicht und auch hier in der Schweiz werde ich das nicht zulassen.» Sie mache nichts unter 100 Franken. Aber bei manchen Männern fragt sie sich trotzdem, warum sie sich das antut.

Einmal beendet Peggy eine Mail so: «Mein Fazit: Auch, wenn ich zufrieden bin, gibt es Momente, wo ich mich überwinden muss. Dann denke ich nur, dass ich das nicht umsonst mache. Bisher brauchte ich nicht wie viele andere Frauen Alkohol und Drogen zu mir zu nehmen, um das auszuüben. Wenn ich keine Lust habe, nehme ich niemanden an, setze mich nicht unter Druck. Wie lange ich das noch mache, hängt davon ab, wie es der Gesundheitszustand meiner Mutter, meine Gesundheit und mein Alter zulassen. Mit über 65 möchte ich ganz sicher nicht mehr dabei sein, sondern einen lieben Partner haben und mit ihm den Lebensabend geniessen. Auch mehr für meine Enkelkinder da sein.»

Anfang 2019 schreibt Peggy: «Bitte hilf mir bei Bewerbungen und Lebenslauf. Wäre dir sehr dankbar.»

Kurz darauf sitzen wir wieder gemeinsam am Tisch ihrer Einzimmerwohnung. Wir essen Spargeln, schauen uns die Stellenausschreibungen verschiedener Grossverteiler an. An der Kasse im COOP oder in einem MIGROS-Restaurant möchte Peggy arbeiten. Ich sage ihr, dass wir ein Motivationsschreiben verfassen müssen.

Peggy: «Motivation?! Was soll ich da schreiben? Dass ich diesen Scheiss-Job nicht mehr machen will? Dass ich keine Lust mehr darauf habe, die Beine breit zu machen?»

Von COOP bekommt Peggy eine Absage. «Sie sind nett gewesen», sagt sie. «Es liegt wohl an meinem Alter.» Auch bei den anderen Bewerbungen kriegt sie Absagen.

Whatsapp von Peggy: «Bekam heute ein Schwanzfoto, von einem schwarzen Typen mit Gesicht. Passiert schon öfters so etwas, auch bei anderen Frauen. Schaue gerade bei der Agentur wegen Arbeitsstelle. Gibt nur was für Höhergestellte.» Ich schreibe die Namen von Temporärbüros, die sie noch anrufen könnte. Sie antwortet: «Mach ich dann. Habe Termin mit einem älteren Herrn. Ich habe einfach keine Lust mehr.» Sie bewirbt sich bei SECURITAS und in Zürich als Tramfahrerin.

Sie schreibt nun öfters Mails oder ruft mich an. Oft geht es um ihre Sozialversicherungen, um die Rente, ihre Familie. Auszüge aus diesen Nachrichten und Anrufen:

«Es geht mir gesundheitlich nicht gut, ständig diese starken Kopfschmerzen, nehme Tabletten, ebenso Zahnschmerzen.»

«Mir fehlt die Lust, das hier weiter zu tun, muss den Männern nun was vorspielen und nur daran denken, dass es um Geld geht.»

«Ich bringe mir von Deutschland Tabletten vom Arzt mit, damit ich nicht mehr so stressanfällig bin, sind verschreibungspflichtig. Habe ich oft schon bekommen.»

Sie erhält Absagen von SECURITAS und für die Stelle als Tramfahrerin. Immer wieder geht es in Peggys Nachrichten auch um andere, jüngere Prostituierte:

«Eine Frau hat viele Tricks, um den Männern was vorzumachen. Zum Beispiel machen sich viele junge Frauen, bevor sie sich dem Mann zuwenden, der schon auf dem Bett liegt, Gleitcreme auf die Muschi und spielen vor, schon sehr geil und feucht zu sein. Männer sind so naiv, dass sie das glauben.»

«Irgendwann merken die Männer, dass diese jungen Frauen wie Maschinen arbeiten, den vereinbarten Service und die Zeit nicht einhalten. Darum kommen sie dann zu uns Reiferen. Das sind meine Erfahrungen, da ich mich mit meinen Gästen auch darüber unterhalte. Die wenigsten Frauen bieten ihren Männern Dusche und Getränke an, schon gar nicht Kaffee und Obst, so wie ich.»

«Diese Mädchen sollen erst einmal in ihrer Heimat einen Beruf erlernen, denn diese Tätigkeit geht an die Substanz, darum trinken und rauchen sie sehr viel, nehmen Drogen. Das geht nicht spurlos an einem vorbei, ich sehe Frauen, die älter aussehen, als sie wirklich sind – überdecken alles mit Schminke.»

Am Ende des Nachmittags in Zürich, der bei «Nordsee» und dem Fisch mit Käse-Champignon-Sauce begann, will Peggy noch Eis essen. Drei Kugeln mit Sahne bestellt sie. Lässt mich mein Glacé nicht selber bezahlen.

Ein paar Wochen nach unserem Treffen wird Peggy an einem Bahnhof so schwindlig, dass sie erbricht und zusammenbricht. Sie wird ins Krankenhaus eingeliefert, die Ärzte finden nichts. Sie verlässt das Spital wieder, fährt heim in den Aargau. Sie schreibt mir eine Nachricht: «Konnte niemanden annehmen, nichts verdient, mir war andauernd schwindelig mit Brechreiz.» In der gleichen Woche muss sie nochmals in die Notfallklinik. Die Ärzte machen eine Computertomografie ihres Kopfs. Sie finden keine körperliche Ursache für Peggys Leiden. «Mir geht es noch nicht gut. Habe Schmerzen im Oberbauch, sicher die Galle. Habe auch bitteren Gallensaft gespuckt. Ich habe das Gefühl, da ist eine Entzündung im Bauch, die sich ausbreitet.»

Peggy hat Angst vor der Arztrechnung, weil ihre Franchise auf dem Maximalbetrag ist. Sie will nach Deutschland zum Arzt, weil die Behandlung dort kostenlos ist. Doch zuerst muss sie Geld verdienen. «Ich mache keinen Verkehr, um meinem Bauch nicht wehzutun. Aber ich muss Männer annehmen, egal, wie es mir geht. Es kommen wieder bessere Zeiten, in denen ich wieder fit bin.»

Am nächsten Abend schreibt Peggy wieder: «Ich hatte am Nachmittag einen Gast. Nachdem er abgespritzt hatte, musste ich aufstehen und Wasser trinken, mir war schlecht und schwindelig. Der Gast ist auch gleich gegangen. Danach habe ich erbrochen. Ich dachte, mein Kopf platzt. Es ist furchtbar, werde früher wie gedacht nach Deutschland fahren. Bis dahin esse ich nur noch trockene Brötchen. Muss morgen wieder auf den Beinen sein, habe um 9.30 Uhr einen Gast.»

Zwei Wochen später ist Peggy zurück in der Schweiz. Diagnostiziert wurde eine Magenschleimhautentzündung. Sie nehme Medikamente und müsse dringend Geld verdienen. Auch für die Spitalrechnung.

Im Fernsehen Bilder aus Italien von verzweifeltem Pflegepersonal und Menschen an Beatmungsgeräten. Am 16. März 2020 beschliesst der Bundesrat den Lockdown. Auch Peggy darf nun nicht mehr arbeiten.

Die Migrantinnen versuchen, einen Platz in einem Flugzeug nach Hause zu ergattern. Wer es nicht schafft, bleibt hier. Manche Frauen werden obdachlos, weil sie wohnen, wo sie arbeiten. Viele sind auf Nahrungsmittelpakete angewiesen. Ende April warnt die UNO-Flüchtlingsorganisation UNHCR davor, dass Mädchen und Frauen, die als Folge der wirtschaftlichen Krise durch Covid-19 ihre prekäre Existenzgrundlage verloren haben, von ihrer Familie zur Prostitution oder Kinderheirat gezwungen werden könnten. In der Schweiz ist es eine Prostituierte, die im Kanton Zürich als erste Berufstätige überhaupt wegen eines Verstosses gegen die Corona-Verordnung verurteilt wird. Sie kassiert eine bedingte Geldstrafe von 1500 Franken plus 300 Franken Busse und muss die Verfahrenskosten von 800 Franken übernehmen. Der Freier bleibt straflos.

Als ich Peggy Anfang Mai zu einem Kaffee treffe, klingelte ihr Handy: «Hast du Zeit heute?», fragte eine Männerstimme. Peggy lehnt ab. Sie erhält von der Sozialversicherung Corona-Entschädigung. Über einen anderen Job wagt sie nicht mehr nachzudenken, ihre Gedanken drehen um die Frage, wann sie wieder Geld verdienen kann, um Miete und Spitalrechnung zu bezahlen. Peggy schickt mir einen Screenshot von einem Forum, auf dem ein Freier schreibt: «Hallo meine lieben Stecher, hab Info von einer legal arbeitenden Prostituierten (mit AHV und so, hat Kurzarbeit angemeldet und denke auch bekommen). Sie hat mir mitgeteilt, dass sie von der AHV und oder Bund einen Brief bekommen habe, wo ihr bis zum 31.8.2020 Arbeitsverbot erteilt wurde. Also, es bleibt euch und mir nichts anderes übrig, als zu wixen oder die Partnerin oder Ehefrau zu ficken. LG Mars.»

«Sein Lieblingsspiel»

Sara will duschen. Fragt mich, ob ich währenddessen auf Petru aufpasse. Sie drückt mir eine Büchse voller Münzen in die Hand. «Sein Lieblingsspiel!» Petru und ich sitzen auf Saras Bett. Er kippt die Büchse aus. Greift nach einem 2-Lewa-Stück, wirft es in die Büchse, nimmt ein 50-Rappen-Stück und wirft auch das hinein. Er schaut mich zufrieden an. Das geht so weiter, bis alle Räppler und Lewas wieder im Glas sind und Petru es erneut ausleert.

Am Nachmittag wollen wir am Fluss picknicken. Ins Auto, das für vier Leute gemacht ist, passen Victor und seine Frau, ihre Tochter samt Mann und zwei Kindern, Sara, Petru, ich und die grosse Picknicktasche. Die Fahrt ist kurz und amüsant. Am Fluss ist neben uns noch eine Familie, die mit Pferd und Anhänger gekommen ist. Etwas weiter unten waschen Frauen Kleider im Fluss. Wir springen vom Ast eines Baumes ins Wasser und lassen uns treiben. Saras Schwager zeigt seinem Sohn, wie er die Beine bewegen muss, um zu schwimmen, und Victor holt kurzum aus dem Kofferraum seinen mobilen Zuckermais-Verkaufswagen. Damit kocht er Maiskörner, die er mit Flüssigbutter in einen Becher füllt. Jeder von uns bekommt einen Becher. Den anderen Badenden verkauft Victor den Snack für umgerechnet 20 Rappen. Sara steht mit Petru in den Armen im Fluss. Die Sonne brennt. Wir essen, trinken und dösen im Schatten des Baumes. Victor und seine Frau wollen mir beibringen, gesalzene Sonnenblumenkerne mit Schale zu essen. Ich sitze auf meinem Strandtuch, lasse mich von der Sonne trocknen, versuche, die Sonnenblumenkerne aufzuknacken und die Schale möglichst lässig wieder aus meinem Mund zu kriegen. Später lese ich. Da tapst der einjährige Petru auf mich zu. Er kommt immer näher. Ich lasse mein Buch sinken. Noch einen Schritt und noch ein Schrittchen macht er, bis er sich in der Spiegelung meiner Sonnenbrille selber sehen kann. Einen Moment lang bleibt er stehen. Und kommt dann noch näher. So nah, dass sich unsere Nasen für einen Augenblick berühren.

Eine Arbeit wie jede andere

Die Schweizerin Lina hat 16 Jahre angeschafft. Heute ist sie 33. In einem Café in Oerlikon erzählt sie mir aus ihrem Leben: «Mein Vater war Zuhälter. Wir hatten ein Studio im Keller. Dort wurden Filme aufgenommen. Ich habe alles mitbekommen. Im Alter von 12 begann ich damit, Drogen zu nehmen. Ich lebte dann in verschiedenen Heimen. Einmal hat mich ein Betreuer davon abgehalten, aus dem Fenster zu springen. Kurz bevor ich 16 wurde, bin ich aus dem Heim geflogen. Ich habe mir dann eine Lehrstelle gesucht. Aber meine Wohnung allein war schon so teuer, dass mein ganzer Lehrlingslohn draufging. Also habe ich in einem Studio angerufen. Ich habe mir gar nicht viel überlegt, habe einfach gefragt, ob ich arbeiten kann. Und sie haben gesagt: Du kannst. Da ist nichts Schlimmes dabei. Mein erster Kunde war ganz ein netter. Kein Perverser oder so. So konnte ich meine Angst überwinden und weitermachen.»

Lina sagt: «Also, ehrlich gesagt, habe ich noch gar nie darüber nachgedacht, über diese Zeit und wie das war. Ich habe die Lehre gemacht und abgeschlossen, angeschafft und Drogen konsumiert. Kokain, Amphetamin, alles. Zwischendurch habe ich eine Weile aufgehört. Dann wurde mein Lohn nicht bezahlt und ich lernte einen Mann kennen, der mich aufnahm. Ich habe angeschafft, er gab mir die Drogen. Mit 21 Jahren war ich auf Heroin. Ein richtiger Junkie war ich. Auf der Strasse gibt's nur Gewalt. Ich hatte eine Knarre am Kopf, bin einmal von einem Zuhälter mit einem Messer am Hals durch die Langstrasse geschleift worden. Und die Zimmer! Grauslich. Da war einmal eine Matratze voller Blut. Wirklich schlimm.

Ich habe immer mal wieder in Annas Bordell gearbeitet. Und ich muss sagen: Diese Frau ist einmalig. Eine Ausnahme.

Sie war für mich wie eine Mutter. Manchmal konnte ich nicht mal mehr aufstehen. Aber sie hat immer zu mir geschaut. In anderen Studios ist das anders. In einer Puffkette kam der Betreiber auf die idiotische Idee, dass wir nackt arbeiten müssen. Also die Kunden schon nackt an der Türe begrüssen. Er war ein typischer Zuhälter. Mich hat auch mal ein Bordellbetreiber am Hals gepackt und an die Wand gedrückt. Und anderswo arbeitete ich unzählige Stunden und durfte keine Kunden ablehnen. Die Praktiken konnte ich aber immer bestimmen. Ich kenne andere Frauen, die sind noch tiefer gefallen. Die konnten gar nichts mehr selber bestimmen.

Ich bin dann in ein Sadomaso-Studio im Kanton Zürich und habe als Extremsklavin zu arbeiten begonnen. Was das heisst? Geschlagen werden, aufgehängt werden und alles. Mir macht das nichts aus, ich finde das noch spannend. Aber da kann ein Mann auch nicht einfach so kommen. Es gibt immer ein Vorgespräch. Einmal aber kam ich nicht mehr aus dem Raum heraus, in dem ich mit einem Kunden war. Ich war gefesselt und mein Mund zugebunden. Er schlug mich mit allem, was da war. Mein Rücken war schwarz von den Schlägen. Richtig schwarz. Ich konnte nicht fliehen. Danach wurde er aus dem Studio geschmissen. Für diesen Mann empfand ich nur eines: Hass.

Manchmal war ich eine richtige Psychologin, habe tief in Familiendramen hineingesehen. Einer hat mich jeweils gewürgt, bis ich bewusstlos war. Aber er durfte das, er wusste immer genau, wann aufhören, damit ich nicht sterbe. Eine Stunde kostete bis zu 1000 Franken. Das ist nicht wenig Geld.

Ein Kunde hat mich immer in den Arm genommen, wenn ich nicht mehr konnte und am ganzen Körper zitterte. Er hat erst weitergemacht, wenn ich mich wieder beruhigt hatte. Er hat sich gekümmert, mich nicht einfach fallen gelassen. Ein anderer Kunde hat mich mal ans Oktoberfest nach München eingeladen. Dieser Job verändert. Auch die Beziehung zu Männern. Ich vertraue nicht mehr jedem.

Ich war zweimal in der Klinik wegen Magersucht. Vor sechs Jahren habe ich einen Heroin-Entzug gemacht. Ich weiss nicht, wie gut ich heute dran wäre, wenn es Anna nicht gäbe. Sie hat mir immer wieder gesagt: Jetzt gehst du in die Klinik und machst den Entzug!

Bei Anna haben wir an Silvester einmal eine Party gefeiert mit den Kunden. Das war lustig. Die anderen Frauen und Anna, das war meine Familie. Meine einzige damals.

Mittlerweile sind Schweizerinnen eine aussterbende Spezies im Puff. Es hat fast nur noch Ausländerinnen. Die sind oft nur kurz da. Und in den grossen Clubs ist es eine Massenabfertigung, ein extremer Kampf unter den Frauen.

Vor vier Jahren habe ich aufgehört. Ich wollte ins normale Leben zurück. Irgendwann ist man abgelaufen in diesem Job.

Ich möchte noch sagen: Das ist ein Job wie jeder andere. Man verdient mega gutes Geld. Niemand soll urteilen. Jede Frau hat ihre ganz eigenen Gründe anzuschaffen. – Geld, Drogen oder sie muss es für jemanden tun.»

«Mein Traum ist, in der Fabrik zu arbeiten»

Sara ist zurück in der Schweiz. Sie nimmt einen Nachmittag frei, wir sitzen auf meinem Balkon in der Sonne. Sie hat mir selbstgebrannten Schnaps mitgebracht. In Fläschchen der Fruchtsaftmarke INNOCENT abgefüllt. Sie erzählt, dass sie das Schwein getötet hätten. Den Kopf in einer riesigen Pfanne gekocht, damit sich das Fleisch besser ablösen lässt. «Daraus machen wir Suppe. Auch aus dem Hirn gibts Suppe – Hirn

[illegible] und
[illegible] «Wir
[illegible] Man
[illegible] macht
[illegible] kt so
[illegible] e hät-
[illegible] Topf
[illegible] dann
[illegible] rkal-
[illegible] hen.»
[illegible] u viel
[illegible] und.
[illegible] l.
[illegible] zum
[illegible] ist.»
[illegible] hatte,
[illegible] s auf.
[illegible] Emo-
[illegible] sehr
[illegible] einen
[illegible] Kun-
[illegible] das.
[illegible]
[illegible] n. Sie
[illegible] n ge-
[illegible]
[illegible] n der
[illegible] nmer
[illegible] habe,
[illegible] rückt
[illegible]
[illegible] «Ich
[illegible] t. Die

einge

Män

sechs

nicht

Sie ha

und n

ert m

Anna

zies i

oft n

abfer

Leben

Man

Frau

gen o

«M

Sara i

frei,

selbs

Fruch

das S

geko

mache

mag ich aber nicht so», sagt sie. Ihr Liebstes seien Zunge und Herz. Die Haut vom Schwein sei dick, erklärt sie mir. «Wir haben die Borsten weggelötet. Die Sau war schwarz.» Man kratzt das Verbrannte dann weg, schneidet die Haut ab, macht ein bisschen Salz drauf und isst es frisch. Das schmeckt so gut!» Das unter der Haut liegende Fett ist ganz weiss. Sie hätten es abgeschnitten und wie immer in einem grossen Topf gekocht. «So wird es flüssig. Klümpchen schwimmen dann obenauf, die wir abschöpfen. Das Fett wird fest, wenn es erkaltet. Glaub mir, das ist viel Fett! Wir nutzen es zum Kochen.»

Sie kommt darauf zu sprechen, dass Fruchtsäfte zu viel Zucker haben, obwohl man immer denkt, sie sind so gesund. Dann erzählt sie von der vergangenen Woche im Bordell.

Kürzlich sei sie mit einem der Männer selber auch zum Ende gekommen. «Das passiert, wenn ein Mann sehr gut ist.» Aber es gehe nur, wenn sie zuvor vier oder fünf Männer hatte, die keine Idioten waren. «Dann baut sich körperlich etwas auf. Das hat nichts mit diesem Mann zu tun. Das ist nichts Emotionales. Schlicht mein Körper, der reagiert.» Es geschehe sehr selten. «Wenn es passiert, denke ich währenddessen an meinen Ehemann.» Aber selbstverständlich komme sie für den Kunden jedes Mal zum Orgasmus. «Immer!» Der Kunde will das. «Das ist ein Gefühl der Stärke für ihn.»

Sara hasst Kunden, die auf Drogen zu ihr kommen. Sie mag es nicht, wenn sie Männer küssen muss, die Kokain genommen haben. Danach sei ihr Mund ganz taub.

Und dann erzählt sie mir, was sie mir damals in der Küche in Sofia schon sagte: dass sie alles, was sie im Zimmer tut, lösche. «Wenn alles, was ich mit den Männern getan habe, in meinen Erinnerungen bleiben würde, würde ich verrückt werden. Es ist eine Schutzfunktion.»

Und ebenfalls nicht zum ersten Mal erzählt sie mir: «Ich muss etwas anderes arbeiten.» Aber sie habe solche Angst. Die

Hürde wird immer grösser. «Ich habe Angst, zu versagen. Es nicht zu schaffen. Angst, dass ich nach zwei Tagen wieder gekündigt werde. – Wofür bin ich dann noch gut?»

Sie sehe, dass viele der anderen Frauen anschaffen, weil sie Liebe suchen. «Sie wollen nicht ihre eigene ökonomische Situation verbessern, sondern die Situation ihres Freundes. Diese Frauen wollen Geld verdienen, um geliebt zu werden.»

Saras Traum ist es, in einer Fabrik zu arbeiten. «Ich stelle mir vor, dass ich am Fliessband stehe und keinen Kontakt zu Menschen habe.» Sara sagt, sie wünscht sich so sehr dieses ganz normale Leben, das viele Menschen langweilt. Morgens die Kinder in die Kita bringen, zur Arbeit fahren, abends gemeinsam mit Mann und Kind essen, danach vielleicht noch ein bisschen fernsehen.

«Sara, warum sprichst du immer von einem normalen und einem nicht normalen Leben?»

«Come on! Ist es normal, mit fremden Menschen zu schlafen? Ich nehme Geld, ja. Aber ich gebe auch etwas von mir. Jedes Mal gebe ich ein Stück von mir. Von meiner Seele – oder von dem, was da halt in mir drin ist. Irgendwann wird es leer sein in mir.»

Herkunftsland Nummer eins

Ein grosser Teil der Prostituierten in der Schweiz kommt aus Rumänien. Die Herkunftsländer-Statistik für kurzfristige Erwerbstätigkeit in der Schweiz deckt sich dabei mit den Beobachtungen der Polizei, dem Blick auf die Seiten grosser Clubs und kleiner Studios, den Aussagen von Prostituierten und Betreibern.

Im Sexgewerbe werden Frauen nach unterschiedlichen Kriterien beworben. Einerseits nach Ethnien: schwarz, weiss, asiatisch oder Latina, aber auch nach körperlichen Merkmalen wie kleine Brüste, grosse Brüste, dick, dünn oder besonders jung. Roma ist kein Verkaufsargument. Rumänin auch nicht. Grosse Brüste schon. Daniela ist Roma aus Rumänien, hat grosse Brüste und den Körper eines Mädchens. Daniela ist ein *Teen Girl*. Das ist gefragt. Doch Daniela hat ein Problem. Auf einem der Foren, auf denen sich Freier austauschen, hat sich ein Mann über sie beschwert. Er schrieb: «Lustlos, mechanisch, Geschlechtsverkehr nur auf die langweiligsten drei Varianten, kein Lecken der Pussy – mag sie scheinbar nicht.» Es ist nicht die erste Reklamation. Die Rumänin ist nervös, weil Anna mit ihr sprechen will. Die Ansage ist klar: Sie muss den Männern beim Sex ein anderes Gefühl vermitteln, sonst fliegt sie raus.

Daniela arbeitet zum ersten Mal in der Schweiz. Eine Cousine hat sie mitgenommen. In Danielas Anzeige steht, dass sie 18 Jahre alt und eine Anfängerin ist, die geile Erfahrungen sammeln will.

Ich habe Daniela einmal gefragt, ob sie sich mit mir unterhalten will. Sie sagte, dass sie Kopfschmerzen hat. «Andere Mal. Okay?»

Nach dem Gespräch mit Anna setzt Daniela sich zu mir. Keine andere Frau ist in der Lounge. «Hallo, wie geht es dir heute?», fragt sie mich, genau so, wie sie es jeweils auch die Männer fragt. Wie immer einen Tick zu laut und aufgesetzt, als dass jemand ihre Frage gern beantworten würde. Ich frage, ob sie gestern Nacht lange gearbeitet hat, wann sie nach Rumänien zurückfährt – Puff-Smalltalk eben. Sie hört gar nicht zu, rückt stattdessen näher zu mir und sagt:

«Ich habe meinen Vater nie gekannt. Ich habe zuvor in Deutschland gearbeitet, habe dort gelernt, diese Arbeit mit dem Kopf zu machen. Aber ich muss es mit dem Herzen tun, sonst ist es nicht gut. Ich habe einen Freund. Er bedeutet alles für mich.

Mein erster Tag in dieser Arbeit war in Deutschland. Ich vergesse das nie. Er hat gesagt: ‹Du kannst mir jetzt eins blasen.› Ich habe das noch nie gemacht. ‹Ich weiss nicht, wie das geht›, habe ich gesagt. Ich weinte. Er streichelte meinen Kopf. Es waren sehr, sehr schwierige acht Monate für mich. Ich bin eine andere Person, wenn ich das mache. Ich bin nervös, bin so alt im Kopf.»

Mit dem ersten verdienten Geld ging Daniela mit einer anderen Frau, die schon länger da arbeitete, einkaufen. Sie kauften viele Sachen. Von manchen Kleidern das gleiche Modell in unterschiedlichen Farben. Ausserdem eine Halskette, zwei Parfüms, eine Uhr und eine Mütze. «Der neue Mann meiner Mutter ist fast wie mein Vater», sagt Daniela. «Aber er ist krank, hat Diabetes und lebt nicht mehr lange.» Sie könne mit dieser Arbeit viel Geld verdienen und ihn unterstützen. Daniela springt von einem Thema zum anderen. Ich sitze bloss da und schreibe auf, was sie sagt. «Ich bin eine romantische Person. Mein Freund ist alles für mich. Als ich vor zwei Monaten vom Arbeiten heimkam, hat er mich am Flughafen von Bukarest abgeholt. Er brachte Rosen mit. Sie waren riesig, fast so gross wie ich. Und er hatte eine Kette mit einem Herz dran für mich. Er fragte, ob ich ihn heiraten will. Ich habe gesagt: Normal! Was fragst du?!»

Ihr Freund wolle nicht, dass sie diese Arbeit mache. Aber sie sei eben eine Frau. «Wir Frauen wollen uns schöne Dinge kaufen, nicht?»

Etwa eine Woche später erzählt Daniela, dass sie in zwei Tagen heimreist. Mit dem Bus. 29 Stunden dauert die Fahrt von Zürich nach Bukarest. Sie freue sich auf jede einzelne Stunde. Daniela will keine Musik hören, keinen Film sehen – einfach nur da sitzen und aus dem Fenster schauen.

Saskia ist ebenfalls Rumänin und arbeitet im gleichen Bordell wie Daniela. Aber nicht «als Frau». Als Frau zu arbeiten, heisst für Saskia, mit den Männern aufs Zimmer zu gehen. Neun Jahre hat sie das getan. Nun ist sie Empfangsdame. Führt die Männer ins Zimmer oder in die Lounge, nimmt Anrufe entgegen, lässt die Waschmaschine laufen, füllt Getränke nach im Kühlschrank. Saskia spricht laut und raucht viel.

«Ich bin arm aufgewachsen. So richtig arm. Einmal im Jahr gab es ein paar Schuhe. Die mussten ein ganzes Jahr lang halten. In die Schule nahm ich immer ein Sandwich mit, das mir meine Mutter machte. Alle anderen Kinder konnten sich etwas vom Kiosk kaufen. Ich wollte Polizistin werden oder Rettungssanitäterin. Ich habe die Aufnahmeprüfung für die Polizeischule gemacht. Schreiben, Lesen und Sport, das alles war gut. Und die Sportprüfung ist wirklich hart. Ich machte acht von zehn Punkten. Von einem Gleichaltrigen, der die Prüfung mit mir absolvierte, wusste ich, dass er 7,5 Punkte hatte. Er bestand. Ich nicht. Er hatte Geld. Ich nicht. So ist das in Rumänien. Hast du Geld, kannst du alles tun. Hast du kein Geld, bist du nichts. Danach hatte ich keine Motivation mehr. Ich begann in einer Bar zu arbeiten und habe mit 17 einen Mann kennengelernt. Er war fünf Jahre älter als ich, hatte viele Freunde und viel Geld.

Ich war so verliebt in ihn! Heute verstehe ich, dass er mich manipuliert hat. Er sagte nicht: Du musst anschaffen. Er sagte: Probiere es! Dann kannst du dir kaufen, was du willst, und deine Familie unterstützen. Ich war 19, als ich es eine Woche machte. In einem Appartement in Rumänien. Ich werde mich immer an meinen ersten Kunden erinnern, niemals sein Gesicht vergessen. Er war mein zweiter Mann überhaupt. Ein alter Mann, ich stand nackt vor ihm. Er wollte nichts Kompliziertes: Küssen, mit der Hand in die Muschi, lecken und blasen. Ich habe geweint. Ich hatte vier bis fünf

Kunden am Tag. Nach dieser Woche war ich komplett im Schock. Ich ging wieder heim. Ich wusste: Mit diesem Geld kann ich das Leben haben, das ich mir wünsche. Ich kann mir das Essen kaufen, das ich will, und meine Familie unterstützen. Aber für mich selber ist das nicht gut. Nach einer Woche ging ich zurück in diesen Job. Am 27. April 2018 habe ich damit aufgehört. Dazwischen liegen neun Jahre.»

Saskia ist 28 Jahre alt. Während sie weitererzählt, stopft sie einmal rote Frottiertücher in die Waschmaschine und nimmt einen Anruf entgegen. Sie erzählt rastlos. Was bei Saskia und in anderen Gesprächen mit den Frauen irritiert: Sie erzählen, als ob es um das Leben einer anderen Frau ginge und nicht um ihr eigenes. Kaum Emotionen. Brutales kommt beiläufig. So beiläufig, dass ich es oft im ersten Moment nicht registriere. Es gab Aussagen, deren Tragweite ich erst verstand, als ich am nächsten Tag meine Gesprächsnotizen in ein Word-Dokument tippte.

«Mein Freund arbeitete nicht. Er nahm immer mehr von meinem Geld. Wenn ich 5000 Franken heimbrachte, nahm er 4000 und gab mir 1000. Wenn ich wenig Geld verdiente, stritten wir. Und wenn ich zu Hause in Rumänien war, sagte er: ‹Wann gehst du wieder arbeiten?› Er hat mir nie etwas gegeben. Nie ein Geschenk gemacht zum Geburtstag. Nur ganz am Anfang unserer Beziehung brachte er mir einmal Blumen. Ich arbeitete in unterschiedlichen Studios und Clubs in der Schweiz. 2016 war ich einmal gesperrt bei WESTERN UNION, weil ich meinem Freund in einem Jahr mehr als 100 000 Franken überwiesen habe. Zusätzlich nahm ich auch Bargeld mit nach Hause. Er nahm mir alles Geld. Während dieser neun Jahre habe ich ihm wohl über eine Million Franken gegeben. Er hat sich ein Auto und ein Haus gekauft. Gearbeitet hat er nie. Ende letztes Jahr fand ich dann raus, dass er mich betrügt und noch andere Mädchen hat, die für ihn anschaffen.

Zwei Tage vor Weihnachten war Schluss. Ich weiss jetzt: Ich bin eine Idiotin.

Zur Polizei will ich nicht. Ich will das alles vergessen. Aber wenn er morgen stirbt, ist mir das egal. Er hat mein Leben zerstört. Ohne ihn hätte ich diesen Job niemals gemacht. Ich habe so viel Zeit verloren.

Nach der Trennung merkte ich, dass ich alle Männer hasse. Ich wollte nicht mehr, dass sie mich berühren. Als Empfangsdame verdiene ich nur knapp 4000 Franken. Aber ich bin unglaublich froh, dass ich nicht mehr ‹als Frau› arbeiten muss.

Wenn mich in den vergangenen zehn Jahren jemand gefragt hätte, ob ich das freiwillig mache, hätte ich bis zum letzten Tag gesagt: Sicher mache ich das freiwillig! Keine Frau würde zugeben, dass sie für einen Mann anschafft», sagt Saskia.

Emma will alles wissen. Weshalb ich dieses Buch schreibe, wie Schweizerinnen über Frauen wie sie denken, welche NETFLIX-Serie ich schaue. Rasch fällt auf, dass die 23-jährige Rumänin ausserordentlich klug ist.

An mehreren Abenden erzählt mir Emma aus ihrem Leben. Sie spricht sehr gut Englisch. Unser Gespräch wird immer mal wieder unterbrochen, weil Kunden kommen und Emma mit den anderen Frauen vor ihnen sitzt. Einmal ist sie für etwas mehr als eine Stunde weg. Danach setzt sie sich wieder zu mir und erzählt da weiter, wo sie zuvor unterbrochen wurde. Es gibt zwei Dinge, die Emma sagt, die sich widersprechen und trotzdem wahr sind. Das eine: «Es war nicht mein eigener Wille, mich zu prostituieren.» Das andere: «Er hat mich nicht gezwungen.»

«Ich mag Sex nicht besonders. Ich könnte gut ein Jahr oder länger ohne sein. Ich hatte grosse Angst vor dieser Arbeit. War mir nicht sicher, ob ich genug stark bin, das zu tun. Als ich vor einem Jahr in dieses Bordell kam, war ich verdammt eingeschüchtert. Ich hatte riesige Angst, Fehler zu machen. Ich musste alles lernen. Zum Beispiel, wie ich Schwänze lutsche. Aber ich lernte schnell. Nun bin ich eines der besten Mädchen hier. Ich bin stolz auf mich. Und weisst du, mir gefällt der Gedanke, dass jedes Mal, wenn du einen Menschen triffst, etwas von dir in ihm bleibt und etwas von ihm in dir.

Das Wichtigste, was ich hier gelernt habe, ist, nicht über andere Menschen zu urteilen. Nur dumme Leute urteilen über andere. Weisst du, diese Arbeit ist schwierig. Du brauchst deinen Kopf, deinen Körper, dein Herz. Du musst immer versuchen, das Gute in deinem Kunden zu sehen. Das Schlechte in Menschen sehen ist einfach. Ich versuche also immer, diese Verbindung zum Kunden herzustellen. Irgendetwas Gutes zu finden. Und wenn es auch noch so winzig ist. Wenn ich das kann, ist mein Service besser, und dafür bezahlt der Mann schliesslich. Ausserdem geht die Zeit für mich schneller vorbei. Manchmal bin ich deshalb zu den Männern freundlicher, als ich sollte. Manche sehen mich dann eher als Kollegin. Es fühlt sich für sie seltsam an, mich dann doch wieder zu ficken. Auch wenn meine Kunden und ich aus verschiedenen Ländern kommen, sind wir doch eigentlich alle gleich. Ich kann dazu beitragen, dass wir uns besser verstehen.

Die rumänische Stadt, aus der ich komme, ist voller Zuhälter. Diese Männer lassen Frauen für sich arbeiten. Tun so, als ob sie die Frau lieben. Aber sie respektieren sie nicht. Mein Freund ist anders. Er respektiert mich. Wir sind seit vier Jahren ein Paar. Vor etwas mehr als einem Jahr haben wir heftig gestritten. Es ging um Geld. Er brauchte mehr Geld. Er sagte zu mir: Entweder gehst du für mich anschaffen oder ich suche mir eine andere Freundin. Ich ertrug das nicht, der Gedanke, ihn mit einer anderen Frau zu teilen, war zu viel für mich. So bin ich nicht aufgewachsen. Ein Mann hat eine Frau, nicht mehrere. Ich war am Boden zerstört, weil ich dachte, dass ich nie im Leben fähig bin, diese Arbeit zu machen. Aber ich wollte ihn nicht verlieren. Also tat ich es, tue es noch immer. Es ist das bisher grösste Opfer, das ich für meinen Freund erbracht habe. Es war nicht mein eigener Wille, mich zu prostituieren.

Seine Mutter half mir. Sie kannte dieses Bordell. So kam ich in die Schweiz. Die Kollegen meines Freundes sind alle Zuhälter. Mein Freund ist nicht mein Zuhälter. Er ist nicht so. Ich wollte das tun. Er hat mich nicht gezwungen. Nun leben wir beide vom Geld, das ich hier in der Schweiz verdiene. Ich hatte zuerst grosse Angst, dass wir uns entfremden wegen dem, was ich hier mache. Dass er mich nicht mehr respektiert, mich abstossend findet. Aber es ist nicht so.

Viele meiner Kunden respektieren mich ebenfalls. Aber es gibt auch solche, die mich benutzen wie einen Gegenstand. Wie eine Hure, nicht wie ein Mädchen. Sie behandeln mich wie Abfall. Sagen zu mir: *Shut up* und tu, was ich dir sage. Sie denken dann, sie sind in einem Pornofilm. Sie benutzen schmutzige Wörter, reissen mich an den Haaren, packen mich ganz fest, spucken mich an, stecken ihren Finger in mich rein, spritzen in mein Gesicht. Du brauchst schon einen starken Charakter, um diesen Job zu bewältigen. Damit du in den Film rein kannst, in dem die Männer in diesem Moment sind. Jemand hat mir einmal gesagt, dass wir die Krankenschwestern der gebrochenen Herzen sind. Eine schöne Vorstellung, nicht?

In der ersten Zeit hier war ich so verletzt. Abends lag ich im Bett und wollte nicht, dass jemand sieht, dass ich zerbrochen bin. Also habe ich die einzelnen Stücke von mir eingesammelt und mich wieder zusammengesetzt. Um dann das Beste aus dem nächsten Tag zu machen. Denn entweder du schaffst das oder du verlierst alles. Ich wurde stärker und ich bin stolz auf mich. Ich kann das. Ich rede oft mit mir selber und sage mir, dass ich eine wunderbare Person bin.

Mein Körper überrascht mich. Ich habe manchmal das Gefühl, ich bin innerlich tot. Aber mein Körper arbeitet einfach weiter. Noch einen Tag und noch einen. Und auch wenn ich unglaublich müde bin, findet mein Körper immer wieder Energie, wenn ich mit einem Mann im Zimmer bin. Denn es ist nicht fair, wenn der Service leidet. Ich darf nicht nur an mich denken. Die Männer geben viel Geld aus. Manche sind nett, sie lassen mich Pausen machen oder auch mal eine rauchen. Sie geben mir nicht das Gefühl, dass sie mich nur benutzen. Am Anfang konnte ich den Männern fast gar nichts verwehren. Ich hatte Angst, Nein zu sagen. Doch irgendwann sagte ich mir: Wo ist deine Würde? Für 100 Franken! Das ist bloss Papier.

Das Wichtigste hier drinnen ist, was du tun kannst, damit die Zeit möglichst schnell vorbeigeht. Die Männer denken, dass wir dumm sind. Aber wir führen sie. Ich muss immer rausfinden, was er will und wie er sich gut fühlt. Denn dann ist er früher fertig.

Alle schlechten Erfahrungen lege ich in eine schwarze Box, die ich tief in mich reingepackt habe. An einen Ort, wo ich nicht rankomme. Ich öffne sie nie. Ich hoffe, ich kann sie kontrollieren. Ich denke immer positiv und will hier alle zum Lachen bringen. Zu Hause bin ich anders, seriöser. Ich mache nicht die gleichen Witze wie hier. Ich habe, nun ja, ein Image zu bewahren. Zu Hause bin ich gebildet und gut erzogen. Bin ich in der Schweiz, vermisse ich es, wie ich zu Hause bin. Zu Hause vermisse ich, wie ich hier bin. Ich habe wie zwei Persönlichkeiten. Gehe ich heim, lasse ich Emma hier. Ich denke, mein Freund mag es wohl auch nicht, wenn ich mit ihm so bin, wie ich in der Schweiz bin. Ich verliere immer viel Gewicht hier. Aber ich will nicht wie ein Skelett aussehen, wenn ich zurückkomme. Ich will nicht, dass er sieht, dass ich leide.

Mir ist Geld nicht wichtig. Ich kaufe bei ZARA und MANGO ein. Teure Kleider kaufe ich nie. Das Einzige, wovon ich wirklich besessen bin, sind Parfüms. Als ich arm war, konnte ich nur billiges Parfüm kaufen. Heute kaufe ich mir immer, wenn ich in der Schweiz bin, mindestens zwei oder drei Parfüms.

Als ich das letzte Mal zu Hause in Rumänien war, fand mein Freund einen Welpen auf der Strasse und nahm ihn mit nach Hause. Ich brachte ihn zu meiner Familie aufs Land. Und als ich da hinfuhr, dachte ich: Ich habe ein gutes Leben. Ich kann einen Hund retten. Früher hätte ich mir überlegen müssen: Entweder rette ich den Hund oder ich esse. Heute kann ich beides.

Ich bin arm aufgewachsen. Meine Schwiegereltern sagen mir oft, dass ich Glück hätte mit ihnen. Die Familie meines Freundes lebt in einer anderen Welt. Sie verstehen nicht, was wirklich abgeht auf dieser Welt. Mein Schwiegervater will im Restaurant Meeresfrüchte essen, ich mag Pommes Frites. Sie verurteilen mich wegen meiner Herkunft. Aber ich bin stolz darauf, dass ich arm aufgewachsen bin. Denn ich habe den besten Schatz: Bildung. Manchmal haben meine Eltern nichts gegessen, damit sie mich zur Schule schicken konnten. Schlimm ist für mich, dass ich nicht mit ihnen darüber reden kann. Aber ich will sie nicht verletzen. Kürzlich habe ich mit meiner Mutter telefoniert und bin während des Gesprächs wütend geworden, obwohl sie gar nichts gemacht hat. Nachdem wir aufhängten, merkte ich: Das bin gar nicht ich. Ich bin nicht so. Das ist wegen dieser Arbeit.

Ich würde gern Grafikdesignerin werden. Aber ich tue das nun, solange ich kann. Ich trage mir Sorge. Wenn du mein Zimmer sähest, würdest du denken, ich sei verrückt. Ich habe so viele Medikamente. Aber ich habe Angst, dass ich krank werde. Ich habe viele Geschichten gehört. Auch von Mädchen, die getötet wurden. Meine grösste Angst ist, dass ich keine Kinder mehr bekommen kann. Einmal habe ich gespürt, dass etwas nicht gut ist. Also bin ich an die Kanonengasse in Zürich.

Die Ärztin sagte, dass da etwas in mir drin verfault ist. Es war der Menstruationsschwamm. Den tat ich rein, um trotz Periode zu arbeiten. Ich habe ihn da drin vergessen. Ich sage dir, das hat wie toter Hund gerochen.

Es gibt Männer mit kranken Fantasien. Es gibt solche, die wollen Mädchen kidnappen und vergewaltigen. Ich spiele ihr Spiel dann mit. Auch wenn es mich verstört. Aber vielleicht können wir so ja verhindern, dass es einem Mädchen da draussen wirklich passiert.

Ich habe gehört, dass uns die Schweizer Ehefrauen nicht mögen. Sie haben Angst vor uns. Ich möchte ihnen gern sagen: Das müsst ihr nicht. Wir zerstören nichts. Wir retten eher das, was ihr zu Hause habt. Es ist besser, wenn die Männer zu uns kommen, als eine Affäre zu beginnen und sich dann zu verlieben. Wenn ich erfahren würde, dass mein Freund eine andere Frau hat, würde mich das zerstören. Aber wenn er für Sex bezahlt, könnte ich ihm vielleicht verzeihen. – Obwohl, bei mir wäre es etwas anderes, weil er würde diese Hure mit dem Geld bezahlen, das ich verdiente, indem ich mit fremden Männern Sex habe.

Porno ist überall. Die Männer spritzen mir ins Gesicht und in den Mund, reissen an meinen Haaren, schlagen mich. Das ist aufregend für sie.»

«Und für dich?»

Emma: «Es verletzt mich. Ich fühle mich benutzt. – Und als Frau nicht respektiert.»

«Was tust du dann?»

«Ich versuche, es dem Mann auf eine gute Art zu sagen. Also nicht einfach seine Hand wegzuschlagen. Ich versuche, ihn selber dazu zu bringen, mich dort anzufassen, wo es für mich okay ist. Ich bin glücklich, wenn der Kunde lächelnd zu mir sagt: *You made my day.* Das ist das Beste.»

«Hattest du auch schon guten Sex hier?»

«In diesem ganzen Jahr kann ich das an einer Hand abzählen. Die Männer merken aber nicht, wenn es für mich nicht gut ist. Denn ich bin eine gute Schauspielerin. Ich muss ihnen etwas geben fürs Geld. Sie können immer ficken, kommen immer zum Ende. Und es gibt einen Beweis. Bei uns Frauen ist das anders. Nur wir selber wissen am Ende, ob es gut für uns war. Es braucht so viel Energie, in jedem Mann etwas Gutes zu sehen. Das macht mich so müde im Kopf. Wenn ich gesund bleiben will, muss ich unglaublich gut auf mich selbst achten. Ich meine, wenn ich krank werde, was war dann genau der Punkt? Wenn du krank bist und kein Geld der Welt dich gesund machen kann? Du die Krankheit hast wegen des Geldes? Du lässt dann alles zurück. Auch deine Familie. Und sie kennen nicht einmal die Wahrheit.

Das Licht in mir wird schwächer. Aber nein, ich darf das nicht zulassen. Ich muss meine eigene Therapeutin sein. Darum spreche ich oft mit mir selber. Ich beruhige mich. Ich sage mir, das bin gar nicht ich, ich spiele das nur. Morgen ist alles wieder gut. Ich sage mir: Ich bin immer noch da.»

Nach den Gesprächen mit Emma weiss ich, dass ich nach Rumänien muss. Weil ich nicht nachvollziehen kann, was Emma mir erzählt hat, und ich mich frage: Was, wenn es nicht Zufall ist, dass jede rumänische Prostituierte, mit der ich spreche, mir von einem Freund erzählt, dem sie ihr Geld gibt?

Vier Monate später. Sonntagmorgen am Flughafen Zürich. 1327 Kilometer sind es bis in die rumänische Hauptstadt Bukarest, etwas mehr als zwei Stunden Flugzeit. Am Gate viele junge Frauen. Manche sehen übernächtigt aus, andere wirken aufgedreht. Die Frauen taxieren sich gegenseitig beim Einsteigen ins Flugzeug. Ich denke an Emma, die sich jeweils schämt, ihren Pass am Flughafen zu zeigen. Vom Weltall aus sehe jeder, was diese Frauen arbeiten – wegen ihren Kleidern und den übertriebenen Schönheitsoperationen. Zeige sie dann ihren rumänischen Pass, wüssten alle, dass auch sie eine Prosituierte ist.

Im Flugzeug sitzt eine Frau in schwarzen Strümpfen und rotem Oversize-Pullover neben mir, etwa 30 Jahre alt. Ich sehe auf ihr Handydisplay. Sie chattet auf Englisch mit einer Person, dessen männlichen Vornamen sie mit dem Nachnamen «London» in ihren Kontakten gespeichert hat: «bist du jung?» – «bin 35» – «bist du Rumänin» – «ja, aber ich sehe aus wie eine Asiatin» – «bist du natürlich so gross» – *«no. silicon»* – «sieht trotzdem gut aus. Hat dein Hintern auch drin» – *«no»*. Sie schaut sich Instagram-Storys an, schaltet dann das Smartphone aus. Das Flugzeug hebt ab. Einen Kaffee will sie nicht, die verteilte SWISS-Schokolade dreht sie eine Weile in der Hand, packt sie dann in ihre Tasche. Wir fliegen, sie schläft ein.

Bucuresti! So heisst diese Stadt auf Rumänisch. Was so viel bedeutet wie: Du bist glücklich.

Mein erster Taxifahrer in Bukarest heisst Ivan. Ivan ist 28 Jahre alt und unsere Unterhaltung beginnt wie alle Taxifahrergespräche im Ausland: Woher kommst du, was tust du hier? Ich sage es ihm. Er lacht. Als er mit Lachen fertig ist, sagt Ivan: «Stimmt, die Rumäninnen gehen ins Puff nach Deutschland und in die Schweiz. *«They fuck in Puff!* Weisst du, was ein Puff ist?» Ivan schaut mich via Auto-Innenspiegel herausfordernd an. Ich nicke. Frage ihn, warum die Rumäninnen denn ins Puff gehen. Ivan sagt: «Geld! Aber weisst du, fast immer ist ein Mann dahinter.» Wie er das meine, will ich wissen. Ivan steuert mich durch den Bukarester Verkehr und sagt, er werde es mir erklären. Also: «Der Mann hat ein schönes Auto. Er sucht sich ein Mädchen, spricht über Ferien und ein grosses Haus.» Ich hake nach. Ivan ist amüsiert und kommt in Fahrt. «Stell dir mal vor, du wärst der Mann und ich die Frau.» Ivan blinzelt mir via Innenspiegel zu. «Okay?» – «Okay! Ich bin der Mann und du die Frau. Weiter?» – «Also du hast ein schönes Auto und würdest mir nun sagen: Ich liebe dich! Ich will eine Zukunft mit dir. Und nach einem Jahr oder so sagst du mir: Ich habe Geldprobleme. Geh ficken für Geld. Ich als Frau würde natürlich sagen: Nein, das will ich nicht. Aber weisst du, der Mann redet und redet und redet. Das ist Psychologie. Und diese Mädchen, die sind nicht so clever. Also eigentlich *zero intelligent.*» Ivan formt mit Zeigefinger und Daumen eine Null. Er dreht sich zu mir nach hinten, um zu sehen, ob ich es begriffen habe. «Ich verstehe. Null intelligent», sage ich. Ivan fährt fort: «Deshalb gehen diese Mädchen dann im Puff arbeiten und schicken Geld mit WESTERN UNION. Der Mann hat gleichzeitig zwei oder drei Mädchen. Er ist hier in Rumänien, fährt einen BMW und hat ein schönes Leben.» Ivan strahlt. Ich frage, ob er Leute kenne, die das tun. «Ja klar.» Aber die wollen nicht reden, das sei gefährlich. «Obwohl, sie zwingen die Mädchen ja nicht. Sie manipulieren sie bloss.» Gut, am Ende hätten die Mädchen zwar kein Geld, der Mann schon. Das Mädchen war eben nicht so clever wie der Mann. Eben *zero intelligent.*» Wieder formt er eine Null mit den Fingern. Und eigentlich hätten die Frauen ja auch was davon. «Sie bekommen ein wenig Geld, mit dem sie sich Schminke und Silikon kaufen können.»

Ich frage Ivan, ob die Mädchen auch verkauft werden. Er winkt ab. «Viel zu gefährlich. Telefone werden abgehört und wenn die Polizei es rausfindet, landet man im Gefängnis.» – Ivan weiss gut Bescheid.

Was er nicht weiss: Wohin er mich fährt. Mein Ziel ist ein Schutzhaus. Dort leben Mädchen und Frauen, die *zero intelligent* sind, wie Ivan sagt.

Bei einer Tankstelle steige ich aus, tippe die Adresse auf GOOGLE MAPS ein und werde von meinem Handy in ein Wohnquartier geführt, vorbei an Häuschen mit Gemüsegärten und bellenden Hunden. Ein Haus hinter hohem Zaun ist mein Ziel. Ich klingle. Monica Boseff öffnet die Haustür und das Tor. Eine Frau mit kurzem Haar und wenig Zeit. Sie lasse nicht viele Besucher in ihr Haus, sagt sie. Weil: «Bringt nichts.» Was helfe es, über das Schicksal der Frauen zu weinen?

Ich ziehe die Schuhe aus und schlüpfe in pinke Finken, die Boseff mir gibt. Die Rumänin zeigt mir die Küche, wo eine junge Frau in der Pfanne rührt – Ammy. Vor vier Monaten ist sie Mutter geworden. Ein Bub. Der Vater des Kindes ist Ammys Menschenhändler. Ihr eigener Vater hat Ammy verkauft, als sie 13 Jahre alt war. Seither haben Männer an ihrem Körper ihre sexuellen Bedürfnisse befriedigt. Ammy hat grosse Augen, die ständig so schauen, als ob sie erstaunt wäre. Sie kann ihren Kinderwagen an keinem Laden vorbeischieben, ohne sich nicht wenigstens einen Schokoriegel oder eine Cola zu kaufen. Deswegen hat sie nun schon alles Taschengeld aufgebraucht und ist seit heute unfreiwillig Nichtraucherin.

Ich bin mit einer einzigen Frage nach Rumänien gekommen: Warum sind die Bordelle in der Schweiz voller rumänischer Frauen?

Wir setzen uns ins Büro von Monica Boseff. Die Türe bleibt offen. Im Nebenzimmer schreit ein Baby. Der Bub ist gerade mal drei Monate alt und ein richtiger Brummer. Seine Mutter Gabi spricht kaum.

Boseffs Priorität sind die Frauen, nicht mein Aufnahmegerät. Sie hat keine Lust auf Geplänkel. Keine Lust auf feministische Diskurse über Selbstbestimmung im Sexgewerbe. Wenn sie rede, rede sie über das, was sie in all den Jahren gesehen habe. «Du kannst gerne die Unterscheidung zwischen Menschenhandel und Prostitution machen», sagt sie.

Sie aber wisse, dass es die nicht gibt. Sie kenne das Ende der Geschichte. «Am Ende stellt sich jedes Mal heraus, dass die Prostitution keine freie Wahl war. Entweder ging eine Form von Missbrauch voraus, es war Ausbeutung durch einen Loverboy oder aber Menschenhandel.»

Boseff hat Frauen in ihrem Schutzhaus, die im eigenen Land oder in anderen europäischen Ländern ausgebeutet wurden. Auch Frauen, die in der Schweiz waren. Sie selber sei dort gewesen, in der Schweiz. Habe mit den Rumäninnen gesprochen. Das ist, was sie mir erzählt:

«Ich habe einige Bordelle besucht. Auch solche, in denen die Frau, die das Bordell leitete, Teil des Händlerrings ist. Hinter jeder Frau steht ein Loverboy. Ein Parasit. Doch solange die Frauen nicht bei der Polizei aussagen, kann man das nicht beweisen.»

Während Boseff mit den Rumäninnen in der Schweiz sprach, fielen ihr die Textnachrichten auf, die auf den Handys der Frauen aufpoppten. Da sei jeweils so was in der Art gestanden wie: Honey, wie geht es dir. Wie viel Geld haben wir heute Nacht gemacht. «Stellen Sie sich das vor! Die Frau ist im Bordell, der Ehemann oder Freund in einem Café draussen und fragt sie, wie viel Geld ‹wir!› gemacht haben. Boseff fragte eine Frau: ‹Wo ist er?› Die Prostituierte sagte: ‹Unten an der Tankstelle.› Boseff: ‹Lass mich mit ihm sprechen. Er kann auch kommen. Ich bin sicher, es gibt noch ein Zimmer. Ich werde den Besitzer gleich fragen. Dann kann er auch Kunden haben und Geld verdienen.› Die Frau: ‹Was?!› Boseff: ‹Klar. Sein Körper kann auch benutzt werden. Warum nur deiner.› Die Frau: ‹Er ist ein Mann.› Boseff: ‹*So what?*›»

Im Nebenzimmer schreit Gabis Kind noch immer. Was Gabi wohl erlebt hat, dass sie kaum noch spricht? Es sind Dinge darunter, die man aus Kriegen kennt und die auch dort verboten sind. Stromschläge, das Gesicht in Eiswasser tauchen.

Gabi diente nicht nur dazu, Sex zu verkaufen, sie war auch lebendes Beispiel, um den Mädchen vor Augen zu führen, was Frauen passiert, die sich wehren.

Boseff und ich sprechen über die Gesetzgebung in der Schweiz. Darüber, dass Prostitution in der Schweiz legal ist und die Schweiz wie auch Deutschland Prostitutionsgesetze hat, die zu den liberalsten der Welt gehören.

Boseff sagt: «Wenn du etwas legalisierst, heisst das nicht, dass du damit das Problem löst.» Durch die Normalisierung der Prostitution sei Folgendes passiert: «Wir haben nun Formen von Menschenhandel, die so gut getarnt sind, dass die Opfer nicht mehr als solche identifiziert werden können.»

Sie meint damit die Loverboys. Also den Mann, der seine Freundin ausbeutet. Wie bei Daniela, Saskia und Emma und all den anderen Frauen, die ich in Schweizer Bordellen traf. «Wer würde jemals gegen den eigenen Freund aussagen?», fragt Boseff. Und wenn: «Wer würde ihr glauben?» Die noch sicherere Variante sei es, die Frau zu heiraten, die man ausbeutet, und ihr ein Kind zu machen. Der *Loverman* quasi. Das schreiende Baby im Nebenzimmer ist so ein Kind. «Das alles ist Ausbeutung und Menschenhandel. Aber hart bis unmöglich zu beweisen.»

Boseff verlässt den Raum. Im Bücherregal Fotos von ihr mit dem ehemaligen US-Aussenminister Kerry. Boseff hat 2014 eine Auszeichnung für ihre Verdienste im Kampf gegen Menschenhandel bekommen. Da ist dieses Foto entstanden. Es dauert eine Weile, bis sich das Baby beruhigt, und dann nochmals ein paar Minuten, bis Boseff sich wieder in den Sessel setzt.

Sie sagt: «Männer, mit denen ich spreche, ob ganz gewöhnliche auf der Strasse oder Politiker, sagen mir, wie leid ihnen diese Frauen tun. Aber sie sagen auch: Der Kauf von Sex muss legal sein. Prostitution sei schliesslich das älteste Gewerbe der Welt.»

Das Baby schreit wieder. Boseff bleibt sitzen. Sie ist wütend. So wütend, wie Menschen sind, die immer das Gleiche erzählen und wissen, dass ihr Gegenüber ihnen zuhört, zustimmt, rausgeht und es wieder vergisst.

Sie sage diesen Männern jeweils Folgendes: «Ich habe mit meinen Kindern darüber gesprochen, was sie einmal werden könnten. Haben Sie das auch schon getan? Ich erklärte meinen Kindern, dass es verschiedene Jobs gibt. Und wenn sie keine Lust haben, zu studieren, gibt es Berufe, bei denen keine lange Ausbildung gefragt ist. Bei der Müllabfuhr beispielsweise. Dort muss man damit klarkommen, die Strasse zu fegen und den Abfall einzusammeln. Wenn das für dich in Ordnung ist, kannst du das tun, sagte ich meinen Kindern. Wie oft aber haben Sie darüber nachgedacht, dass Ihre Tochter eine Prostituierte werden könnte? Es kam Ihnen nicht einmal in den Sinn, richtig? Sie haben Ihrer Tochter Prostitution nicht einmal als Option präsentiert. Warum?»

Manche sagen dann: «*How dare you!* Ihnen antworte ich: ‹Wie können Sie es wagen! Die Frauen in den Bordellen sind die Töchter von jemandem und Sie sprechen darüber, dass es in Ordnung ist, sie als Sexspielzeug zu gebrauchen, aber bei Ihrer eigenen Tochter wäre es nicht in Ordnung? Ihre Tochter ist also zu gut für das, was Sie sagen, sei das älteste Gewerbe der Welt? Ist Ihr Kind so speziell? Und die Tochter von jemand anderem nicht?› Nie hat mir jemand geantwortet: ‹Frau Boseff, Sie haben recht, ich werde heute Abend meiner Tochter diese Berufsoption präsentieren.› – Die Frage ist: Weshalb ist das bei den eigenen Töchtern etwas anderes?»

Der Brummer schreit und schreit. Boseff verlässt den Raum wieder, kommt mit dem Baby im Arm zurück. Sie tätschelt es auf die Windeln. Der Kleine beruhigt sich etwas, wimmert aber weiter. Boseff spricht beruhigend auf ihn ein, bevor sie sich wieder mir zuwendet.

Da sei eine junge Frau gewesen, die von der Polizei in ihr Schutzhaus gebracht wurde, sagt Boseff und wiegt das Baby im Arm. «Diese Frau war ausser sich, schrie, dass sie sofort wieder gehe, nicht wisse, weshalb die Polizei sie hergebracht habe und warum die Polizisten von Menschenhandel sprechen. Sie mache das freiwillig!» Einige Tage später fragte Boseff sie, weshalb sie diesen Beruf so gerne mache? Da habe die Frau zu weinen begonnen, hörte gar nicht mehr auf, zu weinen.

Sie war elf Jahre alt, als sie zu ihrer Mutter ging, ihr sagte, dass sie Hunger habe, und die Mutter meinte: Warum kommst du zu mir, soll ich dir jetzt Brot geben? Geh und gib jemandem einen Blowjob. Ich zeig dir, wie es geht, und dann verdiene dein eigenes Geld.»

Später an diesem Tag sitze ich am Tisch in der Küche. Ammy mit den stets staunenden Augen mir gegenüber. Sie malt rote Herzen auf ein Blatt Papier, schreibt in krakeliger Schrift ihren und den Namen ihres Sohns in die Herzen. Ammy ist Analphabetin. Und eben, weil sie Schokolade und Cola so sehr mag, hat sie keine Zigaretten mehr. Ich frage, ob sie eine von mir will. «Ja!» Sie kommt zu mir und umarmt mich. Wir gehen in den Garten. Ammy spricht rumänisch auf mich ein, wiederholt immer wieder die gleichen Worte. So geht das eine Weile, ohne dass ich auch nur die leiseste Ahnung habe, was sie mir sagen will. Schliesslich übersetzt einer der Wächter vom Schutzhaus. Ob ich Kinder habe, wolle Ammy wissen. Ich verneine. Sie schaut mich mitleidig an.

Eine der Sozialarbeiterinnen erzählt mir von der 25-jährigen Alexandra, die hier im Schutzhaus war und nun nach der Therapie wieder selbständig lebe. Alexandra hat ihre Geschichte einmal aufgeschrieben, weil sie an einem Kongress über ihr Leben gesprochen hat. Die Sozialarbeiterin mailt mir das Dokument. Ich lese: *2011 bin ich nach Bukarest gezogen, um*

Journalismus zu studieren. Im zweiten Jahr meines Studiums bekamen meine Eltern finanzielle Probleme. Sie verloren alles, was sie besassen, und verschuldeten sich. Da ich mich dadurch in einer verzweifelten Situation befand, erzählte ich einem Freund davon und bat ihn um Hilfe. Er versprach mir, mit jemandem über meine Situation zu sprechen, so würde ich sobald wie möglich einen Job bekommen.

Bald traf Alexandra einen Mann mit augenscheinlich luxuriösem Lebensstil. Er hiess Robert.

Robert schlug mir vor, als Escort zu arbeiten. Für Männer, die für die Gesellschaft einer Frau bezahlen. In meiner Verzweiflung nahm ich sein Angebot an. Zwei Tagen später meldete sich Robert bei mir und teilte mir mit, dass ich mich nun mit einem dieser grosszügigen Männer treffen könne. Er sagte, ich solle mich sehr elegant kleiden. Er holte mich von zu Hause ab und wir fuhren zusammen in ein Hotel. Er gab mir eine Zimmernummer und nannte einen italienischen Männernamen. An diesem Tag wurde mir klar, was ich eigentlich tun musste: Sex mit Männern haben, die Geld dafür bezahlen. Obwohl ich das nicht wollte, akzeptierte ich die Situation, um so schnell wie möglich Geld zu verdienen. Robert hat mir versprochen, dass ich diesen «Job» nur für sechs Monate würde ausüben müssen, bis sich meine finanziellen Schwierigkeiten gelöst hätten. Ich arbeite also nun in Bukarest in der Prostitution. Die Treffen fanden in Hotels oder bei den Männern zu Hause statt. Meistens waren es Ausländer.

Alexandra und die anderen Frauen, die ebenfalls für Robert arbeiteten, erhielten iPhones. Sie waren mit Robert über eine Cloud verbunden. Gleich zu Beginn sagte Robert, Alexandra solle ihren Facebook-Account löschen und jeden Kontakt mit ihren Freunden abbrechen. Ihre sozialen Kontakte beschränkten sich fortan auf Robert, seine Ehefrau und die anderen Frauen, die ebenfalls anschafften.

Robert hat für uns Escort-Profile erstellt und Inserate auf verschiedenen Websites veröffentlicht. Seine Frau beantwortete die Anrufe, vereinbarte die Treffpunkte sowie den Preis.

Alexandra begleitete wohlhabende Männer auf Reisen in verschiedene europäische Länder. Dabei musste sie jederzeit Kontakt zu Robert und seiner Frau halten. Wenn sie die anderen Frauen traf, war Robert immer dabei. Sie konnte also nie ungestört mit ihnen sprechen. Alexandra ging auch einige Male nach Italien, um zu arbeiten. Immer für ein bis zwei Monate. Robert mietete jeweils online eine Wohnung. Die Kosten für Flug, Inserate und Miete wurden zu gleichen Anteilen geteilt. Ebenfalls die Einnahmen von Alexandra.

Robert hat uns einen teuren Lebensstil auferlegt. Immer sagte er, je mehr wir in uns selbst investieren, desto mehr Geld würden wir verdienen. Er bat uns ständig um Geld für verschiedene Dinge: Mieten für Wohnungen, Anzeigen oder persönliche Bedürfnisse. 2014 kaufte Robert ein neues Auto und eine neue Wohnung. In diesem Jahr reiste ich zum ersten Mal in die Schweiz, um mich zu prostituieren. Ich mietete eine Wohnung und arbeitete wie immer: Robert machte die Werbung, seine Frau beantworte die Telefonanrufe und vereinbarte die Treffen. Immer wieder fragte mich Robert, ob ich ihm Geld leihe für die Fertigstellung seiner neuen Wohnung. Ich war nie misstrauisch. Weil ich dachte, dass ich so selber immer ein bisschen weniger verschuldet sein werde. Und Robert sagte ständig, dass er Geld ausgegeben hat für mich, beispielsweise 500 Euro für Werbung, und ich ihm die Hälfte bezahlen muss.

Als Roberts Wohnung fertig war, überredete er Alexandra, ebenfalls eine Wohnung zu kaufen. Der Besitzer des Hauses, der mit Robert zusammenarbeitete, verlangte eine horrende Monatsrate. Alexandra musste nun noch härter arbeiten, um diese Rate bezahlen zu können. *Jedes Mal, wenn ich mich schlecht fühlte oder zu müde war, um zu arbeiten, wurde Robert nervös und sagte mir, dass ich meine Wohnung nicht werde bezahlen können.*

Im Oktober 2016 reiste Alexandra wieder in die Schweiz. Zusammen mit einer anderen Frau. Robert und seine Frau verhandelten von Rumänien aus mit den Kunden. Mittlerweile hat Robert bereits die zweite Wohnung gekauft. Alexandra und die andere Frau sandten ihm alles Geld. *Ich begann, misstrauisch zu werden. Denn er liess uns nur gerade genug Geld, um zu essen und die Miete zu bezahlen.*

In der Küche des Schutzhauses wärmt Ammy Milch für ihren Sohn Fynn. Sie stillt nicht. Als sie fertig ist, holt sie ihr Kind in der Stube, drückt es mir in den Arm, gibt mir das Fläschchen und verschwindet. Fynn ist winzig. Er schläft. Reagiert nicht, als ich ihm Milch zwischen die Lippen träufle. Ammy kommt in die Küche zurück, schaut ihr Baby nicht an und geht wieder. Dann kommt Monica Boseff. Sie nimmt mir Fynn aus dem Arm, weckt ihn auf, drückt ihm den Sauger in den Mund: «Der Kleine muss trinken!» Sie ruft nach Ammy. Nun muss sie Fynn das Fläschchen doch selber geben. Als es leer ist, reicht sie ihren Sohn Lucie, die sich gerade einen Kaffee gemacht hat.

Lucie ist etwas über 30 Jahre alt, wiegt Fynn nun im Arm und trinkt ihren Kaffee. «Ich will auch einmal Kinder», sagt sie. «Aber keinen Mann.» Wenn sie bereit sei für ein Kind, gehe sie zur Samenbank. Lucie lebt schon länger im Schutzhaus. Sie hat sechs Jahre als Prostituierte in elf europäischen Ländern gearbeitet, inklusive ihrem Heimatland Rumänien.

Die Geschichten der Frauen, die ich während dieser Recherche treffe, ähneln sich. Manchmal bin ich müde davon, sie mir anzuhören. Müde vom Schrecken. Aber dann sitzt da wieder eine Frau vor mir und ich staune über ihre Stärke und höre zu. So auch bei Lucie.

«Ich war 23 Jahre alt, als ich einen Mann kennenlernte. Ich hatte einen normalen Job, ein normales Leben. Er sagte mir, ich sei die Frau, nach der er sein Leben lang gesucht hatte. Er machte mir Komplimente, versprach mir eine gemeinsame Zukunft. Wir wurden ein Paar. Nach einer Weile sagte er, wir gehen ins Ausland und bauen uns dort etwas auf. Also flogen wir nach Holland. Nach ein paar Tagen sagte er, dass er kein Geld mehr hat und dass ich in ein Bordell gehen und dort arbeiten soll – nur für einen Tag. Ich wollte nicht. Tat es ihm zuliebe aber trotzdem. Am Abend sagte ich ihm: Ich werde das nie wieder machen. Am nächsten Tag sagte er: Steh auf und schmink dich. Ich fragte, wozu. Um arbeiten zu gehen, antwortet er. Ich wollte nicht. Er schlug mich. Das ging sechs Jahre so. Immer Liebe, Schläge, Liebe, Schläge. Ich habe in Spanien einmal über 40 Männer nacheinander gemacht. Ich war in einem Hotelzimmer, er chattete mit den Kunden via Whatsapp und machte die Termine für mich ab. Sogar wenn du eine Beziehung führst, hast du doch manchmal keine Lust auf Nähe, oder? Stell dir vor, du musst es jeden Tag mit allen möglichen Männern tun. In mir ist etwas zerbrochen.»

So viele Frauen, die sie in Bordellen überall in Europa traf, hätten das Gleiche erlebt wie sie. «Ich bin keine Ausnahme. Immer ist ein Mann dahinter. Aber niemand spricht darüber. Aus Angst.» Unzählige Male wurde sie von Polizisten kontrolliert und befragt: ‹Machst du das freiwillig, arbeitest du für dich selber?› Jedes Mal sagte sie: ‹Sicher mache ich das freiwillig. Ich mache das nur für mich!›»

Fynn erwacht. Lucie hält sich sein Köpfchen ganz nah vors Gesicht. «Fynn. Du wirst einer Frau so was nie antun!», sagt sie und nimmt ihn wieder in den Arm.

«Er spielte ein psychologisches Spiel mit mir: Er schlug mich manchmal so sehr, dass ich kaum mehr gehen konnte, und drohte, dass er meine Schwester und Mutter holen würde und sie auch anschaffen müssten, wenn ich jemandem etwas verrate. Dann bettelte er wieder um Verzeihung, sagte, er sei so eifersüchtig. Der Gedanke, dass andere Männer mich anfassten, mache ihn wahnsinnig – er liebe mich. Ich war die ganze Zeit unter seiner Kontrolle. Ging ich zu meiner Mutter, durfte ich nur eine Stunde bleiben. Er schrieb mir, während ich dort war. Als ich einmal von meiner Mutter direkt zum Haus meiner Grossmutter ging und ihm nicht Bescheid gab, fuhr er anschliessend mit mir in einen Wald. Es war Winter. Ich musste meine Kleider ausziehen, aus dem Auto aussteigen und eine Stunde nackt im Wald stehen.»

Es ist dunkel, als ich vor dem Schutzhaus in ein Taxi steige.

Juni 2019. Die Erziehungsdirektion des Kantons Bern verschickt ein Informationsblatt an Schulleitungen und Lehrpersonen. Darin steht: «Bisher suchten Loverboys ihre Opfer hauptsächlich in osteuropäischen Ländern. Die jüngsten Entwicklungen machen deutlich, dass den Loverboys zunehmend auch minderjährige Schweizer Staatsangehörige zum Opfer fallen. Auch Minderjährige im Kanton Bern sind Opfer von Loverboys geworden. Sieben Fälle wurden im Jahr 2018 über die nationale Meldestelle ACT212 im Kanton Bern gemeldet.»

Kampf um Deutungshoheit

Zürich, Februar 2020. Das Kulturlokal «Kosmos» lädt zum Talk *Sexarbeit unsere Arbeit*. Die Veranstaltung will zeigen, dass Prostitution eine Arbeit wie andere ist. Dieser Meinung ist die politische Rechte, aber es sind vor alle Linke, die sich in der Öffentlichkeit dafür starkmachen – darunter auch viele junge Feministinnen. 500 Leute sind ins Kosmos gekommen. Auf der Bühne drei Sexarbeiterinnen, «weil alle über Sexarbeit reden, aber kaum jemand mit Sexarbeiterinnen spricht», wie es in der Ankündigung der Veranstaltung heisst. Sprechen werden eine Erotik Artistin, eine Sexualbegleiterin und

Clementine. Clementine ist Bordellchefin. Sie vermietet Zimmer an Prostituierte im Zürcher Oberland. Rund 20 solcher Zimmer hat sie, die zwischen 600 und 900 Franken pro Woche kosten. Sie helfe den Frauen auch bei der Anmeldung und der Werbung, sagt Clementine. Die drei Frauen auf der Bühne mögen ihre Arbeit.

Als der Talk für Fragen aus dem Publikum geöffnet wird, melden sich drei ehemalige Prostituierte zu Wort. Die drei Frauen im Publikum mochten ihre Arbeit nicht. Eine 46-Jährige sagt ins Mikrofon: «Ich war mehrere Jahre in der Prostitution. Ich bin mit 17 Jahren eingestiegen und mit 32 Jahren ausgestiegen. Und ich kann nur ganz kurz sagen, was ich über Prostitution denke, weil das hat mit meiner anschliessenden Frage etwas zu tun. Ich habe meine Tätigkeit nie als Arbeit empfunden. Es war immer, ausnahmslos, eine bezahlte Vergewaltigung, ein bezahlter Missbrauch. Ich habe keinen einzigen Mann, keinen einzigen Freier begehrt. Ich hatte keine Lust auf diese Männer und es war ihnen egal. Ich war für sie eine Sexpuppe. Und jetzt zu meiner Frage: Können Sie sich eine Welt vorstellen, in der sexuelle Verfügbarkeit einer Person unantastbar ist? In der man Sex hat, weil man Lust aufeinander hat, weil man sich gegenseitig begehrt, nicht, weil man gerade Geld braucht. Können Sie sich so eine Welt vorstellen?»

Bordellchefin Clementine antwortet der ehemaligen Prostituierten von der Bühne: «Also Entschuldigung, ich höre hier eine Fragestellung aus einer akuten Opferhaltung. Und da tut man dann gleich die ganze Gesellschaft und Struktur anklagen, also, da könnte sich auch eine Ehefrau hinstellen und sagen: Kann man sich eine Gesellschaft vorstellen, in der Ehefrauen schlechte Ehemänner nicht aushalten müssen. Ja, wir sind jetzt mal eine Gesellschaft, in der man Prostituierte sein kann oder nicht sein kann. Und wenn jemand so ein Opfer ist wie Sie, dann wird das wahrscheinlich auch Täter anziehen. Keine Ahnung, in welchen Bedingungen Sie gearbeitet haben. Aber Sie sind nicht repräsentativ. Opfer sehen überall nur Täter.»

Die Frage, was Prostitution für die betroffenen Frauen bedeutet, ist zentral bei der Diskussion darum, wie der Prostitution auf rechtlicher Ebene zu begegnen ist.

Einig ist man sich in der Schweiz, dass niemals die Frau oder der Mann, die oder der sich prostituiert, kriminalisiert werden dürfen. Bleiben zwei rechtliche Modelle: die Entkriminalisierung und die Freier-Bestrafung.

Bei der Entkriminalisierung gibt es keine Bestimmungen, die Angebot, Nachfrage, Unterstützung und Vermittlung im Sexgewerbe als kriminell einstufen. Es gibt also keine spezifischen Strafbestimmungen mehr. Alles ist legal, bis zur Zuhälterei. Ziel ist die Entstigmatisierung von Menschen im Sexgewerbe. Zugrunde liegt diesem rechtlichen Modell der Gedanke, dass Sexarbeit eine Arbeit wie jede andere ist.

Bei der Freier-Bestrafung – auch nordisches Modell genannt, weil die Schweden diese Gesetzgebung 1999 als erstes Land einführten – wird der Käufer gebüsst, wenn er Sex kauft. Die Frau oder der Mann, die sich prostituieren, sind entkriminalisiert, können also für nichts im Zusammenhang mit ihrer Tätigkeit gebüsst werden. Fachstellen unterstützen Prostituierte falls gewünscht beim Ausstieg und vermitteln psychologische Hilfe. Der Gedanke dahinter: Prostitution ist Gewalt an Frauen. Der sexuelle Zugang zu einem weiblichen Körper soll in einer gleichberechtigen Gesellschaft nicht käuflich sein, die Nachfrage soll eingedämmt und ein gesellschaftlicher Wandel herbeigeführt werden.

Beide Modelle nehmen in Anspruch, den Frauen den bestmöglichen Schutz vor Gewalt zu bieten und Menschenhandel zu bekämpfen.

Anders als in der Schweiz wird zurzeit in Deutschland heftig über die verschiedenen rechtlichen Modelle diskutiert. Es geht darum, wie die bestehende Situation verbessert werden kann.

An der Diskussion beteiligen sich auch betroffene Frauen. Wie in der Gesellschaft, gibt es auch innerhalb des Sexgewerbes zwei unterschiedliche Standpunkte. Die einen kämpfen für die vollständige Entkriminalisierung. Sie verwenden für sich selber den Begriff Sexarbeiterinnen. Unter den Frauen, die in den Medien auftreten und sich gegen alle Regulierungen aussprechen, sind viele Dominas mit eigenem Studio. Fast alle sind Mitglieder des Berufsverbands für sexuelle Dienstleistungen, der wiederum eng mit dem Berufsverband der deutschen Bordellbetreiber verbandelt ist. Der Berufsverband für sexuelle Dienstleistungen ist der zurzeit lauteste «Sexarbeit-ist-Arbeit»-Lobbyverband im deutschsprachigen Raum. Auf ihn beziehen sich auch Schweizer Sexarbeiterinnen-Beratungsstellen.

Für das nordische Modell kämpft eine Gruppe ehemaliger und aktiver Prostituierter.

Klar ist, dass die Mehrheit der Prostituierten schweigt. Zuhören soll man allen, die sprechen. Dabei aber im Hinterkopf behalten, dass die Seite, die für eine Normalisierung der Prostitution und damit die vollständige Entkriminalisierung aller am Sexgewerbe Beteiligten kämpft, hinter sich eine Industrie hat, die Milliarden am Sexverkauf verdient. Die ein finanzielles Interesse daran hat, möglichst alle Regulierungen abzuschaffen. Eine Industrie, die alles verliert, wenn der Kauf von Sex verboten wird. Die Gruppe von Prostituierten, die sich für das nordische Modell ausspricht, hat keine Lobby und hinter ihrem Engagement steht kein eigenes finanzielles Interesse. Sie lehnen den Begriff Sexarbeiterin ab und greifen mit ihrer Haltung ein jahrtausendealtes Privileg des Patriarchats an: das Recht auf Sex.

Die öffentliche Diskussion um Prostitution ist also auch ein Kampf um Deutungshoheit. Die zugrunde liegenden Fragen sind: Was bedeutet Prostitution für die Mehrheit der betroffenen Menschen, was unterstützt sie darin, ein gleichberechtigtes, sicheres und selbstbestimmtes Leben zu führen? Beim Ringen nach Antworten sind wir auf das angewiesen, was Frauen, die sich aktuell oder in der Vergangenheit prostituiert haben uns erzählen. Dabei stellt sich die Frage: Wer prägt das Bild der Prostitution in der Öffentlichkeit? Wessen Stimme wird gehört?

Januar 2014, Irland. Das COMMITTEE FOR JUSTICE der *Northern Ireland Assembly* lädt die Prostituierte Laura Lee zu einem Gespräch. Irland prüft damals eine Änderung des Prostitutionsgesetzes. Die mittlerweile verstorbene Lee war Mitglied der INTERNATIONAL UNION OF SEX WORKERS, einer in Grossbritannien ansässigen Sexarbeiter-Gewerkschaft, die sich für die vollständige Entkriminalisierung des Sexgewerbes ausspricht. Ein Auszug aus der Befragung:

Der Vorsitzende: Ich versuche herauszufinden, wie glaubwürdig die Organisation ist, die sie vertreten. Das ist wichtig, weil wir uns auf diese Beweisaufnahme beziehen werden. Deshalb müssen wir wissen, dass das, was Sie gesagt haben, von einer glaubwürdigen Organisation stammt. Wie viele Mitglieder gibt es in der INTERNATIONAL UNION OF SEX WORKERS?

Laura Lee: Ich müsste das abklären und es ihnen später sagen. (...)

Herr Wells: Gibt es in der INTERNATIONAL UNION OF SEX WORKERS Zuhälter oder Personen, die davon profitieren, sexuelle Dienstleistungen zu organisieren?

Laura Lee: Einige der Mitglieder sind Manager, ja.

Herr Wells: Sie sind also Zuhälter.

Laura Lee: Nun, wenn Sie diesen Begriff verwenden möchten, ja.

Herr Wells: Das ist also nicht nur eine Gewerkschaft von Sexarbeiterinnen, sondern auch von denjenigen, die Sexarbeiterinnen kontrollieren.

Laura Lee: Ja.

Herr Wells: Leute, die viel Geld verdienen und das Leben von Sexarbeiterinnen kontrollieren.

Laura Lee: Ich kann nicht sagen, wie viel Geld jemand anderes verdient.

Fachstellen wie XENIA in Bern, FLEUR DE PAVÉ in Lausanne, MARIA MAGADALENA in St. Gallen, ASPASIE in Genf und das Netzwerk PROKORE sind Mitglieder beim INTERNATIONAL COMMITTEE ON THE RIGHTS OF SEX WORKERS IN EUROPE (ICRSE). Das wiederum ist Mitglied des GLOBAL NETWORK OF SEX WORK PROJECTS (NSWP), der weltweit grössten Sexarbeiterinnen-Organisationen. Der gemeinsame Slogan: Sexarbeit ist Arbeit. Ihr Erkennungszeichen: ein roter Schirm. Ein grosser Meilenstein in der Lobbyarbeit von NSWP war der Beschluss von AMNESTY INTERNATIONAL aus dem Jahr 2015, sich weltweit gegen das nordische Modell und für die Entkriminalisierung der Prostitution einzusetzen.

AMNESTY INTERNATIONAL bezog sich dabei auf zwei Berichte. Beide sprachen sich gegen jegliche Regulierung im Sexgewerbe aus. Beim Bericht von UNAIDS aus dem Jahr 2009 hatte das Sexarbeiterinnen-Netzwerk NSWP den CO-Vorsitz. Beim Bericht der Weltgesundheitsorganisation (WHO) wird eine gewisse Alejandra Gil als Expertin persönlich verdankt. Alejandra Gil war zu dieser Zeit NSWP-Vize-Präsidentin. NSWP schreibt auf seiner Webseite über die Mexikanerin: «Alejandra Gil ist eine bekannte Aktivistin für die Rechte von Sexarbeiterinnen und seit den 1980er-Jahren in der Sexarbeiterrechtsbewegung aktiv. Sie war gewähltes Vorstandsmitglied und Vizepräsidentin von NSWP. Sie vertritt lateinamerikanische Sexarbeiterinnen in einem globalen Netzwerk und hat oft an grossen internationalen Veranstaltungen teilgenommen, darunter der Welt-Aids-Konferenz und hochrangigen UN-Treffen.»

Im Jahr 2015 wurde Alejandra Gil in Mexiko-Stadt wegen Menschenhandels zu 15 Jahren Gefängnis verurteilt. NSWP betont bei jeder Gelegenheit, dass die Themen Prostitution und Menschenhandel strikt zu trennen sind. Im eigenen Vorstand scheint diese Trennung Mühe zu machen.

Auch der Zürcher Anwalt Valentin Landmann kämpft unermüdlich an allen Fronten gegen das nordische Modell. In einer Kolumne in der OSTSCHWEIZ AM SONNTAG fragt der 70-Jährige rhetorisch: Müssen wir verschrobenen Ideologien folgen, die den Frauen die Entscheidungsfreiheit nehmen wollen, sich selbstbestimmt für einen solchen Beruf zu entscheiden und ihn auszuüben?

Vor 22 Jahren war Landmann Initiant des «Petite Fleur», des ersten legalen Bordells in Zürich – beratend und selbstverständlich nie in exekutiver Funktion. Aus dem «Schlummerlicht der Halbwelt» will Landmann das Sexgewerbe holen. Nur Frauen mit Aufenthalts- und Arbeitsbewilligung dürfen dort arbeiten, liess sich der Anwalt in den Medien zitieren. Zwei Jahre später steht Stefan Berchtold, Betreiber des «Petite Fleur», bereits vor dem Richter: 25 Frauen ohne Aufenthaltspapiere prostituierten sich im ersten legalen Bordell von Zürich. Die meisten aus Südamerika und Osteuropa.

Die Puffmutter

Eineinhalb Jahre kenne ich Anna bereits, als sie mich zu sich nach Hause einlädt. Selten lässt sie Menschen in ihre Wohnung. Ihr Zuhause ist voller Bücher und Erinnerungen an vergangene Reisen. Vor ihrem Schlafzimmer hängt ein Ölgemälde. Es zeigt eine Frau mit entblösstem Rücken. Das Bild hing im Zimmer, in dem Anna anschaffte, bevor sie ihr eigenes Bordell führte. Sie hat das Bild noch immer, damit sie nicht vergisst. Denn sie vergesse vieles. Aber wie es sich anfühlt, wehrlos vor einem Freier am Boden zu liegen, «das will ich nie vergessen. Wegen meiner Mädchen.»

Anna hat in den vergangenen zehn Jahren Tausende Frauen in ihrem Bordell kommen und gehen sehen. Zu Weihnachten schenkt sie den anwesenden Frauen immer etwas. Auch mir hat sie ein Geschenk gegeben. Ein Notizbuch und einen roten Kugelschreiber. «Du bist ja nun auch ein bisschen eines meiner Mädchen», sagte sie.

Wir setzen uns an den Esstisch. Es gibt *Gschwellti*. Mindestens zehn verschiedene Käsesorten hat Anna aufgetischt. Wir stossen mit einem Glas Rotwein an: Auf das Leben!

«Was mich antreibt ist, den Menschen die Bedeutung dieses Jobs zu zeigen. Aufzuzeigen, dass Männer so viel bedürftiger sind, als wir glauben. Nicht alle haben eine Beziehung. Viele sind einsam. Klar, die Prostituierte ist kein Ersatz für die Liebe. Aber ein Pflaster. Das wirkt sofort und ist besser als nichts. Um diesen Job gut auszuüben, müssen die Frauen den Männern zuhören, sich auf sie einlassen. Und zwar richtig. Ja, wir geben. Aber wer gibt, bekommt auch etwas zurück. Genau das versuche ich allen meinen Frauen beizubringen. Bloss, eine 20-Jährige kann das noch nicht verstehen.»

Anna hat viel gegeben damals, als sie als Prostituierte arbeitete. «Ich konnte nicht anders. Es war mein Überlebenstrieb.» Oft war sie müde und kaputt und musste trotzdem weitermachen. «Wenn du da wieder heil rauskommen willst, musst du das Beste daraus machen.»

Sie findet, dass sie mit den meisten Männern Glück hatte. «Diese Tätigkeit hat mich vieles gelernt. Früher hatte ich wahnsinnige Hemmungen wegen meiner Figur. Als ich diesen Job machte, dachte ich: So schlimm ist es nicht, die zahlen ja für mich. – Obwohl mich das immer erstaunt hat: Wie kann jemand für mich zahlen? Ausserdem weiss ich heute, dass ich jede Situation meistern kann. Bei diesem Job machst du die Türe auf und weisst nicht, wer eintritt. Ist der Mann nett, grob oder böse? Wie gehst du damit um, wenn er dreckig ist, dich schlägt, wenn einer dich fast vergewaltigt? Du bist allein, weisst nie, wer kommt. Das macht unglaublich stark. Ich bin stolz darauf. Stolz, wie ich das geschafft habe. Wie ich den Männern Gutes tun konnte. Aber wenn mich jemand auf dem Totenbett fragt, ob es lässig war, dann muss ich sagen: Nein, lässig war das trotzdem nicht. Keine Frau macht diese Arbeit gern. Du beginnst damit wegen des Geldes. Aber damit du überlebst, damit deine Seele gesund bleibt, musst du lernen, das Ganze anders anzuschauen – zu geben und aus dem Geben für dich selber Kraft zu schöpfen. Damit wirst du reicher als mit dem Geld, das du verdienst.»

«Anna, du sagst, es braucht viel, damit die Seele gesund bleibt. Du warst 47 Jahre alt, als du mit der Prostitution begonnen hast. Die meisten Frauen steigen mit 18 Jahren oder früher ein. Können diese Frauen gesund bleiben?»

Anna *(schweigt lange)*: «Nein. Ich glaube nicht. Sie sind zu jung.»

«Was tun?»

«Sie brauchen Unterstützung. Diese Frauen brauchen jemanden, der sie auffängt und mitträgt, bis sie umdenken oder es aus einem anderen Blickwinkel betrachten können.

Oder aber jemanden, der sie unterstützt, bis sie aufhören können. Und wenn sie ausgestiegen sind, müssen sie es ja dann auch noch verarbeiten.»

«Was würde diese Frauen schützen?»

«Eine Altersbegrenzung. Wenn man erst ab 30 Jahren anschaffen dürfte. Es ist ganz schlecht, wenn eine Frau zu jung beginnt. Dann fühlen sie sich, als ob einfach ihr Körper schnell benutzt wird. Das zerstört sie. Es braucht Lebenserfahrung und Stärke, um das anders zu sehen.»

«Was noch?»

«Wenn diese ganze Zuhälterei aus der Prostitution verschwinden würde. Hinter fast jeder Frau steht heute ein Mann, der profitiert. Sei es ein Freund, ein Zuhälter oder ein Clan. Die Frauen sagen das meist nicht einmal mir. Aber ich sehe doch, wie sie ständig an ihren Handys hängen. Nachrichten schreiben, bevor sie ins Zimmer gehen. Sie teilen mit, wie viel sie verdienen. Haben diese Frauen wenig Kunden, werden sie nervös. Sparen beim Essen oder stehlen den anderen Frauen Nahrungsmittel aus dem Kühlschrank. Wenn ein Mann im Hintergrund Druck ausübt, was heute sehr oft der Fall ist, dann fühlt sich das, was im Zimmer passiert, für die Frau wie eine Vergewaltigung an. Diese Frauen erleben also jeden Tag mehrere Vergewaltigungen.»

Es ist Mitternacht. Vor uns steht der frische Pfefferminztee, den Anna gemacht hat.

Es bringt nichts, mit den Frauen über ihren Loverboy zu reden, erklärt sie mir. «Ich kann nicht zu ihnen vordringen.» Stelle sie zu viele Fragen und vor allem zu viel infrage, würden sich die Frauen komplett zurückziehen. Anna erzählt von einer Rumänin, die immer wieder bei ihr arbeitet. Ihr Freund schlägt sie, droht, ihr das Gesicht zu zerschneiden, wenn sie ihn verlässt. Anna riet ihr, einen Teil des Verdienstes in einem Schliessfach im Bordell zu verstecken. Damit sie, falls sie von ihm loskommt, etwas Geld auf der Seite hätte. Die Frau tat es eine Weile. Dann nahm sie alles Geld und brachte es ihrem Freund. Eine andere junge Rumänin sagte Anna kürzlich: «Irgendwann komme ich von meinem Freund los, der mich anschaffen lässt. Ich wünsche mir, dass ich dann diesen Schmerz, der in meinem Bauch ist, in meine Hände nehmen und ihm überreichen kann. Er soll ihn halten, ihn spüren. Nur für fünf Minuten – danach nehme ich ihn zurück.»

Und dann sagt Anna: «Im Puff herrscht eine so grosse Hoffnungslosigkeit.»

Drei Stunden sind es mit dem Bus von Bukarest nach Pitești. Hier lebt Iana Matei (59). Ob NEW YORK TIMES, ARTE, THE GUARDIAN oder RTL, wer auch immer etwas über Prostitution aus rumänischer Sicht erfahren will, landet eher früher als später bei dieser Frau.

Ein sabbernder Neufundländer begrüsst mich. Matei versucht, ihn zu bändigen, was ihr nicht gelingt. Und so durchnässen die feuchten Liebkosungen aus den Lefzen des Hundes meine Jeans, schon bevor ich im Haus bin. Drinnen hält sie zuerst gleich fest: «Falls es hier drin nach Furz riecht, ich wars nicht!» Der Schuldige sei in der Küche. Wir schauen ihn uns an – ein Kohlkopf! Während sie Wasser für Kaffee aufkocht, sprechen wir über ihre Laktoseintoleranz und darüber, wie denn nun Kohl haltbar gemacht wird. Mit dem fertigen Kaffee setzen wir uns in die Stube.

Vor elf Jahren ist die rumänische Psychologin auf einem Polizeiposten zum ersten Mal minderjährigen Opfern von Menschenhandel begegnet. Die Polizei wusste nicht, was tun mit diesen Kindern. Matei auch nicht, tat aber trotzdem etwas. Sie gründete das erste Schutzhaus für Menschenhandelsopfer überhaupt in Rumänien. Kamen zuerst vor allem erwachsene Frauen, wurden mit der Zeit immer jüngere Mädchen in ihr

Haus gebracht. Manche erst elf Jahre alt. Während Matei und ihr Team früher die Tür des Schutzhauses von innen abschliessen mussten – aus Angst vor den Menschenhändlern – schliessen sie die Türe heute von aussen. Damit die Mädchen nicht zu ihren Loverboys zurückkehren.

Warum das so ist, wird Matei mir nun erklären: «Diese Mädchen sind in einem Umfeld aufgewachsen, in dem es keine Liebe gab. In einer Familie oder in einem Waisenhaus, wo ihnen nie jemand sagte: Ich liebe dich. Wenn dann ein Typ kommt und gesagt hat: Ich liebe dich, machen diese drei Worte den himmelweiten Unterschied. Er schlägt sie? *So what?* Ihr Vater und ihre Mutter haben sie auch geschlagen, die Kollegen im Waisenheim ebenfalls. Was ist daran speziell?»

Oft gehören diese Mädchen zur marginalisierten Ethnie der Roma, brechen früh die Schule ab. Die rumänische Regierung tue nichts dagegen, obwohl sie immer betont, wie wichtig Bildung sei. «Die Regierung folgt dem gleichen Prinzip wie schon im Kommunismus – versteckst du das Problem, existiert es nicht. Diese Mädchen haben also die Schule verlassen, weil sie einen Freund haben, der sie zum Anschaffen schickt. Oder Eltern, die sie benutzen, um Geld zu verdienen. Es gibt Eltern, die ein Appartement mieten, ihre Tochter schminken, damit sie älter aussieht, und dann Kunden für sie suchen.

Durch den Missbrauch beginnt das sexuelle Leben dieser Mädchen vor ihrer Adoleszenz. Wir reden hier über Hormone und natürliche Prozesse. Diese Mädchen, die jeglicher Liebe und Fürsorge beraubt werden, setzen nun Liebe mit Sex gleich. Die fünf Minuten Aufmerksamkeit, die sie von Freiern bekommen, bedeuten: Ich bin wertvoll.

Von ihren Loverboys bekommen sie die Message, dass mit dem Rest der Bevölkerung etwas falsch ist, dass wir Sex nicht mögen und sie deshalb diskriminieren. Die Mädchen sind smart, es ist ihr Körper. Manche sagten: Wenn ich nicht drei Männer am Tag habe, fühle ich mich nicht gut. – Prostitution ist die einzige Welt, die sie kennen.»

Der Hund schläft. Matei sagt: «Das durchschnittliche Einstiegsalter der Mädchen in die Prostitution ist 14. Sind sie 18 Jahre alt, werden sie von ihren Loverboys oder Familien ins Ausland exportiert.»

Nachwort

Es war im März 2019 in Bukarest. Ich war mit zwei Frauen unterwegs, die jede Woche Prostituierte auf der Strasse aufsuchen. Mit Tee und Schokoriegeln, vor allem aber mit Zeit, ihnen zuzuhören. Zur Sicherheit sind immer auch zwei Männer dabei, die in Sichtkontakt im Auto warten. Es ist nach Mitternacht, als wir an einer vielbefahrenen Strasse stoppen. Zwischen zwei parkierten Autos steht eine Frau. Sie trägt eine rote Jacke, hat die Fellkapuze tief ins Gesicht gezogen. Als ich vor ihr stehe, erstarre ich. Ihr Gesicht! Es ist das Gesicht meiner jüngeren Schwester. Etwas geschminkter, etwas verlebter. Nur wenn sie spricht, sieht es anders aus, weil ihr Mund rumänische und nicht schweizerdeutsche Worte formt. Ich schaue weg, schaue hin, schaue weg, schiebe es auf die Müdigkeit. Doch jedes Mal, wenn ich hinschaue, sehe ich meine Schwester. Diese Frau, die da an der Strasse steht, sieht ihr zum Verwechseln ähnlich. Sie weint. Sagt, sie habe Rückenschmerzen, fühle einen Teil ihrer Beine nicht mehr. Fährt ein Auto etwas langsamer, dreht sie sich zum Auto hin. Wir verabschieden uns. Es fühlt sich an, als ob ich meine Schwester da an der Strasse zurücklasse, auf unbekannte Männer wartend, zu denen sie ins Auto steigt, um für ein paar rumänische Lei ihre rote Jacke auszuziehen, sich ficken zu lassen und dabei so zu tun, als ob sie es möge.

Es war ein paar Monate zuvor, abends und ebenfalls kalt, als ich mit der Schriftstellerin Irena Brežná (70) durch Basel spazierte. Brežná ist in der ehemaligen Tschechoslowakei aufgewachsen, hat Mittel- und Osteuropa auf ausgedehnten Reportagereisen durchstreift und in Basel als Russischdolmetscherin für Frauen aus dem Milieu übersetzt. Wir sprechen über Prostitution und sie sagt mir: «Weisst du, ich fühle mich diesen Frauen nah, sie könnten meine Schwestern sein.» In einem Artikel schrieb Brežná einmal: «Der Frauenkörper ist nicht nur im oder nach einem Krieg ein besonders bedrohtes Territorium. Frau kann das Pech haben, in einem Land und zu einer Zeit geboren zu sein, wo die Wahrung der Würde die Gefahr bedeutet, nicht zu überleben.»

Die unwahrscheinliche Biografie des heute über 70-jährigen Guido T. ist ein Stück Zeitgeschichte. Die Schweiz aus der Sicht eines Bürgers, der von ganz unten kam. Guido T. verbrachte die Kindheit in einer Barackensiedlung in Zürich-Altstetten und die Jugend im Kloster Fischingen, wo er von Priestern und Lehrern missbraucht wurde. Später heuerte er als Seemann an und bereiste die Welt. Dann machte er Karriere als Einbrecher. Der Abstieg schien vorgezeichnet und doch schaffte er es immer wieder, sich aus eigener Kraft aus dem Sumpf zu ziehen.

«Eine atemberaubende Lebensgeschichte – ein fantastisches Stück Oral History.» woz

Bernhard Odehnal

Die sieben Leben des Guido T.

Gebunden, 176 Seiten, bebildert,
32 Franken, 28 Euro.

Zur Autorin: Aline Wüst, geboren 1986 im Kanton Aargau. Nach einer Lehre als Buchhändlerin absolvierte sie in Winterthur an der Zürcher Fachhochschule den Studiengang Journalismus und Unternehmenskommunikation. Anschliessend arbeitete sie drei Jahre als Reporterin bei der AARGAUER ZEITUNG. 2015 und 2016 bereiste sie die Welt und porträtierte Menschen, unter anderem für das Reisemagazin GLOBETROTTER. Seit 2017 ist sie Reporterin beim SONNTAGS BLICK und schreibt über gesellschaftliche Themen wie Migration und Gleichberechtigung.

Dank: Allen, die mich mit Fachwissen, Kritik oder Freundschaft unterstützt haben. Ganz besonders Alexandra, Benno, Corina, Denise, Elias, Gieri, Imelda, Ivo, Jael, Johanna, Julian, Kurt-Emil, Levi, Michi, Papa, Rosmarie, Stella, Thalia und Thomas.

2. Auflage 11. September 2020

ISBN 978-3-906807-17-1

Autorin: Aline Wüst
Umschlagfoto: Alessandro Della Bella, KEYSTONE
Lektorat: Markus Schneider
Korrektorat: Birgit Althaler
Gestaltung: Müller+Hess, Basel
Druck: Ebner & Spiegel, Ulm

www.echtzeit.ch